図解で学ぶ

ドラッカー入門

藤屋伸二 Shinji Fujiya

PETER FERDINAND
DRUCKER

日本能率協会マネジメントセンター

はじめに

Drucker

野球やサッカー好きの子どもたちが集まって、自分たちだけでどんなに練習しても、一流選手どころか、プロの選手にもなれないでしょう。なぜならば、基本プレーがわかっていないからです。また、どんなに優秀な指導者に習っても、楽して上達できる方法はありません。

同じように、不況を乗り切る特効薬はありません。しかし、乗り切るための基本プレーはあります。その基礎知識になるのがドラッカーです。基本プレーは、基礎知識にそって反復練習することで身につけることができます。ですから、現在の不況も基本プレーを徹底することで乗り切ることは可能なのです。

「マネジメントの父」と呼ばれているドラッカーは、経営の本質が過不足なく体系化されている、世界中の誰もが認める最高のマネジメント理論です。

そのドラッカーを、各ページの「見出し」と「要約」、「図解」だけで項目ごとの要点がわかるようにしているのが本書です。五〇分もあれば、ドラッカー理論の概要がだいたいイメージできるでしょう。

また、文章も、「むずかしいことをわかりやすく」「わかりやすいけれど本質をはずさない」ように配慮しています。そのため、専門用語や英語表現はできるだけ使用せず、日ごろ使っている表現で書いています。

本書の構成は、序章でドラッカー自身を知っていただき、第一章でドラッカー経営の概要を理解していただき、第二章から第九章でそれを実務に活用していただけるようになっています。

本書は、「ドラッカーをざっくりと知っておきたい」「ドラッカーの著書を読む前に、事前学習をしておきたい」「一度は挫折したが、もう一度チャレンジしてみたい」「ドラッカーを知りたいけど、何から読んだらいいかわからない」という、勉強に意欲的で、それを仕事に結びつけたいと考えているビジネスパーソンにピッタリの本です。

さらに、(1)もう少しドラッカーを勉強したい、(2)ドラッカーを極めたい、(3)ドラッカーから、さらに展開したい」の三段階にわけて、その読書戦略を巻末にフローチャートで示しています。

なお、本書では、「適正」という言葉をあえて「適性」と表現している箇所があります。企業経営においても、理論という意味での「正しさ」はあります。しかし、個別企業においては、置かれている状況や性質・能力により、「唯一の答」というものがないからです。そのため、状況に適応するという意味から「適性」という表現を用いています。

また、企業が販売するものを総称として「商品」として表現しております。ですから、本書における商品には、製品と商品、場合によってはサービスの意味を含んでいます。

たいへん厳しい経営環境ですが、経営を体系化しているドラッカーを理解すると、今までと同じ努力で、今まで以上の成果を得ることができるようになります。それは、筆者自身や顧客企業が体験してきたことでもあります。本書が、読者ご自身の成長や会社の業績伸長・V字回復のきっかけになれば幸いです。

二〇〇九年初夏

独自化・差別化コンサルタント　藤屋伸二

図解で学ぶドラッカー入門 ◎ 目次

第2章 Peter Ferdinand Drucker

環境 ～ビジネス環境を整理しておこう～

第3章 Peter Ferdinand Drucker

戦略I ～構想する力～

第5章 Peter Ferdinand Drucker

組織 ～構築する力～

第6章 Peter Ferdinand Drucker

目標管理 ～戦略を日常業務に変える仕組み～

第7章 Peter Ferdinand Drucker
狭義のマネジメント ～運営する力～

第8章 Peter Ferdinand Drucker

イノベーション ～変革の起こし方～

第9章 Peter Ferdinand Drucker

自己実現 ～夢をあきらめない～

Drucker

序　章

ドラッカーを学べ！

ドラッカーの効果を知る

ドラッカーって、どんな人？

3つの卓越した顔を持つ男

ドラッカーの職業

オーストリア出身で、高校卒業後、ドイツで夜間大学に通いながら商社に勤務。その後、イギリスに渡り金融機関・記者などを経験し、さらにアメリカに渡って、大学でマネジメントを教える経営学者でした。

自分自身のことを「望楼守」（町の見張り役）と呼び、社会の変化を観察する社会生態学者でもありました。

また、彼の著書を読んだGM（ゼネラル・モーターズ）の役員からの依頼でGMの調査をし、その調査結果を「会社という概念」にまとめたことから、経営コンサルタントとしての仕事も増えていきました。

彼は、社会を観察し、それを経営の視点で体系化して教え、その知識を使ってコンサルティングをするという三つの職業の達人でした。

彼が与えた影響

社会生態学者として、ソ連の崩壊、民営化の提案、少子・高齢化社会の問題、年金問題など、今日問題になっている社会現象をいち早く見抜き、警鐘を鳴らしてきました。

「マネジメントの父」と呼ばれていることに集約されますが、経営の近代化に最大の影響を与えた経営学者がドラッカーです。彼の著書は、全世界で読まれ、影響を受けていない企業家・経営学者はいないほどです。

そうしたマネジメントに対する造詣の深さから、GMをはじめ、世界的に有名な大企業のコンサルティングを行ってきました。

また、企業のみならず、美術館や病院、協会など、NPOの経営にも数多くたずさわっていました。

ドラッカーって、どんな人？

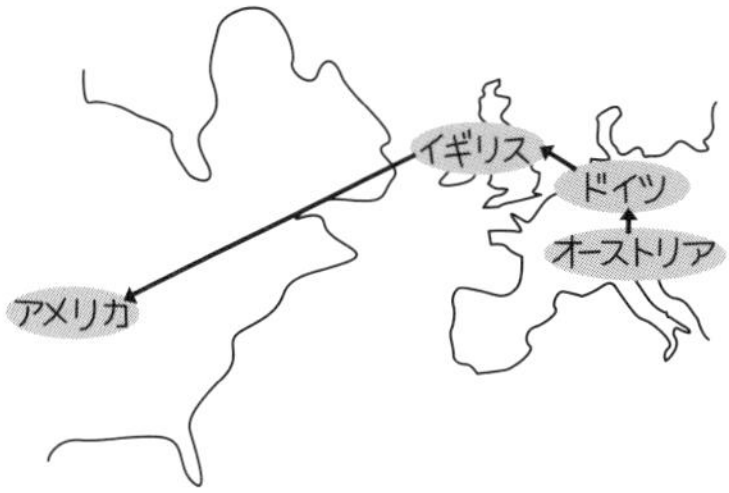
イギリス
ドイツ
オーストリア
アメリカ

オーストリア生、ヨーロッパ、アメリカを渡り歩く。

観察力が超一流

自らを「望楼守」と呼び、社会の変化を観察。

ピーター・F・ドラッカー
Peter Ferdinand Drucker
1909-2005

実践力が超一流
会社という
概念

GMの調査を行い、その結果を著作にまとめたことで、経営コンサルタントとしての仕事も増える。

経営理論が超一流
マネジメントの父

経営の近代化に多大な影響を与え、「マネジメントの父」と呼ばれる。

参照
『プロフェッショナルの条件』（ダイヤモンド社）、
『マネジメントを発明した男ドラッカー』（ジャック・ビーティ著、ダイヤモンド社）

ドラッカーの思想をひと言でいうと？

人は自分の強みで、社会に貢献する

人には社会に貢献する責任がある

彼の興味の対象は人間でした。金融業での仕事でも高い評価を受けていたのですが、金儲けには価値を見出すことができなかったそうです。

また、彼は人間に対する愛情が強く、仕事を通しての生きがいや達成感について考えていました。

そして、行き着いたのが、**人は自分の価値観に従い、自分の強みで社会に貢献する責任があり、それが本当の幸せなのだ**ということです。

その考え方が、彼自身が「経営の哲学」とよぶ「目標と自律によるマネジメント」（通常の表現では目標管理）です。

彼は、「人には能力の差はあるが、目標を設定して体系的な学習をすることで、現在より、貢献できる人になれる」と信じていたようです。

貢献するとどうなる？

筆者も地方大学出身、転職経験あり、昇進は遅れ気味、中小企業診断士試験には六回目で合格など、サラリーマン時代は凡庸すぎるくらい凡庸（落ちこぼれ？）でした。

それがドラッカーの書物との出会いで、「目標管理」「マーケティング志向」が理解できるようになりました。

また、それらを自分の事務所の運営と、コンサルティングに適用することで顧客企業の業績も伸びてきました。

そして、貢献度合いに比例して、売上げも順調に伸びています。

このように、ドラッカーは顧客への貢献を第一にしています。これは、きれいごとではなく、業績を上げるための本質なのです。

ドラッカーの思想をひと言でいうと？

興味の対象は人間

人は自分の**価値観**に従い、

自分の**強み**で社会に**貢献**する責任があり、

それが本当の幸せなのだ！

「目標と自律によるマネジメント」（目標管理）

参照
『現代の経営』（ダイヤモンド社）
『プロフェッショナルの条件』（ダイヤモンド社）

ドラッカーを学ぶと何が身につく?

成果をあげる能力が身につく

本物志向が身につく

ビジネスで大切なことは、状況の認識です。社内外の状況を正しく認識できなければ、対応できません。

その点、ドラッカーの社会を見る目は確かです。現象を追っていたのでは見間違うこともあるでしょうが、彼は「人間の本質」から洞察していきます。

社会が人間の営みである以上、当然のことですが、なかなかできることではありません。

事業については、「**当たり前のことなどないと思え**」と戒めています。習慣化しない観察力で事業を計画し、実行のための組織づくりを行い、人間の長所を最大限に引き出すための仕組みをつくりあげていきます。

ドラッカーを学ぶと、このような思考方法が身についていきます。

今より成長するために

人間の能力には個人差があります。努力したからといって、誰もが松下幸之助氏や孫正義氏のようになれるわけではありません。

では、「努力しても孫正義氏になれないなら、努力はしない」というのはどうなのでしょうか?

ドラッカー自身、生涯、誰一人雇用せず、個人事業主を貫いたのは、「人を辞めさせられない」「考えがコロコロ変わる」という短所を持っていたからです。

それでも、自分の長所で貢献することを決め、強みを活かせる分野を見出すために努力してきました。

「100でなければ0」ではありません。継続的な改善が、見違えるあなたにしてくれます。

ドラッカーを学ぶと何が身につく？

これらが
成果をあげる
能力
認識力
ビジネスチャンスを
見つける力
構想力
ビジネスチャンスを
計画に変える力
構築力
仕組みをつくる力
運営力
成果に結びつける力

参照

『現代の経営』（ダイヤモンド社）

Drucker

第 1 章

ドラッカーの基礎知識

ドラッカー経営の特徴

「マネジメント」って何?

戦略も含むマネジメント・サイクルをまわすこと

三種類のマネジメント

マネジメントには、「事業」「管理者」「人と仕事」の三分野があります。

方針を決め、事業を定義して戦略を決定し、それを経営計画に落とし込むのが**「事業のマネジメント」**です。

計画を実行するためには、優先順位により、人と資源を配分しなければなりません。その責任を担うのが管理者ですから、**「管理者のマネジメント」**が重要になってきます。

そして、仕事を設計し、人の特性に配慮し、最大限に貢献できるように採用・配置・教育・異動するのが**「人と仕事のマネジメント」**です。

このようにして企業や部門を運営しますが、活動の結果は、次の活動のためにかならず検証しなければなりません。それが、「何が良かったか」「何が悪かったか」「では、今後はどうするか」の評価です。

予算だけでなく経営計画を

大企業では、経営計画や予算制度はありますが、業績の悪い企業ほど、「作って終わり」になっています。

中小企業では、予算制度のマネごとはやっていますが、戦略がないため、ほとんど機能せず、予算・実績管理で終わっているようです。

戦略とは、「経営環境」「事業目的」「自社の強み」から導き出すものです。

経営計画は、それを実現するための「何を」「どのくらい」「いつまでに」「誰が」「いくらで」などを決めるためのものです。

経営計画は、健全経営に必要不可欠ですから、かならずすべきものです。

「マネジメント」って何？

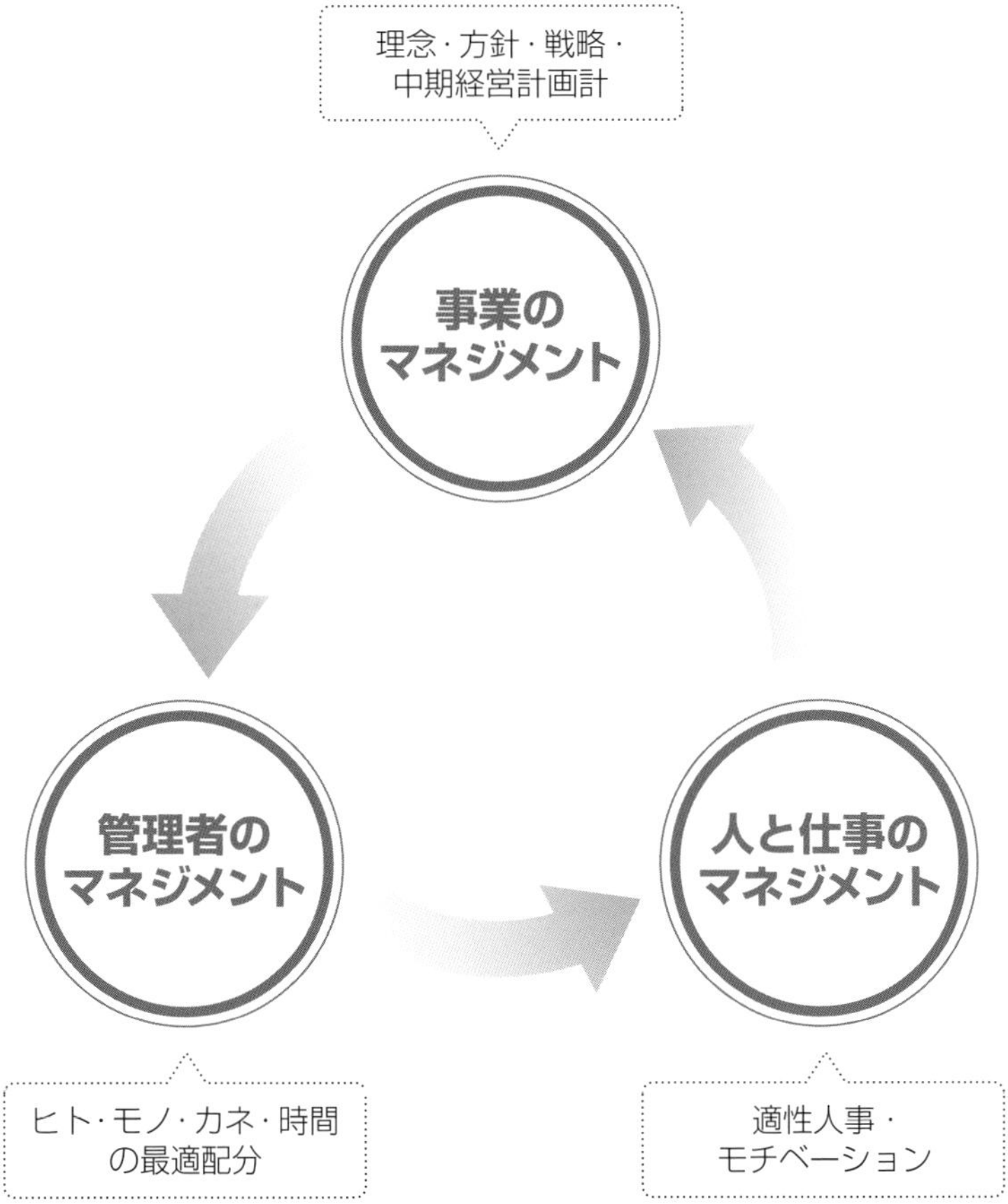
理念・方針・戦略・
中期経営計画計
事業の
マネジメント
管理者の
マネジメント
人と仕事の
マネジメント
ヒト・モノ・カネ・時間
の最適配分
適性人事・
モチベーション

参照

『現代の経営』（ダイヤモンド社）

「顧客の創造」って何?

自社の望む価格で買ってくれる顧客を増やすこと

需要を創って供給するのが事業

「お腹がすいている人がいる」だけでは、ビジネスにはなりません。その欲求に応える商品を提供(供給)して、はじめて欲求が需要(欲しい気持ちに購買力が伴ったもの)に変わります。

つまり、**企業家の行動が市場を開拓する**のです。商品を供給するのは、神仏ではなく、あくまでも企業家の仕事です。

そして、より多くの人たちの欲求に応えることが企業としての貢献であり、役割(使命)なのです。

ところが、商品を適性価格で販売しなければ赤字となり、企業として存続できなくなります。ですから、適性価格で販売できるような仕組みを作らなければなりません。

顧客創造は独自化・差別化で

国策事業や一部の規制業種を除いて、ほとんどの企業は、市場を独占することはできません。また、実力はあっても法律で私的独占は禁止されています。

ですから、どのような企業でも、厳しい競争にさらされています。

トップ企業は、他社からの標的にされ、追随企業は、トップ企業や同業他社との競争を余儀なくされています。

そのような中で、顧客を創造していくことは大変なことです。特に、同質的競争になれば価格競争に巻き込まれてしまいます。

そこで、他商品との違いを打ち出し、価格以外の要因で自社商品を売り込むことになります。それが、現実的な顧客創造に結びついていきます。

「顧客の創造」って何？

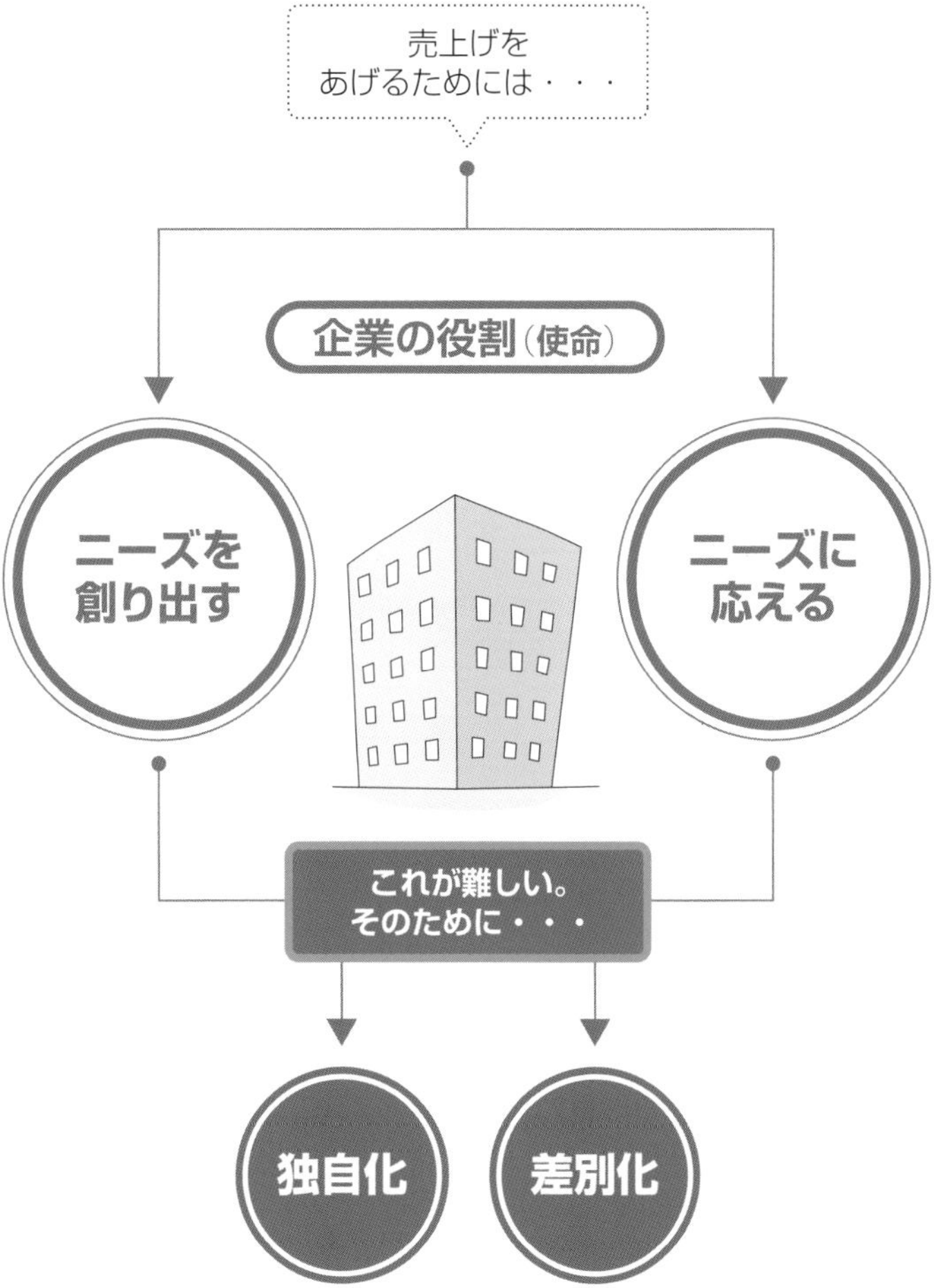
売上げを
あげるためには・・・
企業の役割（使命）
ニーズを
創り出す
ニーズに
応える
これが難しい。
そのために・・・
独自化
差別化

参照

『現代の経営』（ダイヤモンド社）

「利益」って何？

存続のための必要条件。事業の有効性の物差し

将来の費用・業績を計る物差し

個人の家庭では、老後・病気・災害のための備え、子どもの教育資金や車の買い替え、増改築のための資金を貯めておかなければなりません。

それは、企業でも同じことです。景気変動や災害への備え、設備更新や新しい事業への投資資金の積み立て、株主への配当などが必要になってきます。

利益とは、そうした**将来発生する費用への引当金**なのです。

また、自己資本が充実している企業ほど、金融機関の信用も高く、新たな資金調達もしやすくなります。

さらに、顧客満足と生産性を高めることでしか利益は出せません。そうした意味では、**利益は経営力を計る「物差し」とも言えます。**

総合○○からの脱却

世界が一つの市場になり、過当競争とも言える状況になっています。短期的には、景気後退で、購買意欲が冷え込んでいます。

その中で、利益をあげ続けるのはやさしいことではありません。

そこで、大企業では、本当に強みを持つ事業だけに特化していく傾向があります。

大手企業ですらそうなのですから、経営資源の乏しい中堅・中小企業が、「総合○○企業」の看板を掲げることは、自殺行為に等しいと認識する必要があります。

利益は他社との競争に勝てる、あるいは、他社との競争がない状況を生み出したときだけ、獲得できるものだと肝に銘じることです。

「利益」って何？

利　益 ▶ **将来発生する費用への引当金**

〈設備や新事業投資への資金〉

〈景気変動、災害などのリスクへの備え〉

〈金融機関などから信用される〉

〈株主への配当〉

経営力を計る物差し

参照

『現代の経営』（ダイヤモンド社）

Drucker

「知識」って何？

学習と経験で身につく成果をあげるノウハウ

経験だけでは成果はあがらない

アルファベットは経験で認識できても、「D」「O」「G」が「DOG」になり、それが「犬」のことを表現しているのだと知るには、経験ではなく、学習が必要になってきます。

現在、増え続けている知識労働者は、このような学習によって得た知識をもとに仕事をしています。

肉体労働は、経験に創意工夫を上乗せすることで、生産性をあげることができます。

しかし、技術者・研究者・管理者の仕事は、経験プラス分析や予測など、専門知識をフル活用して、はじめて成果をあげることができるのです。

競争が激化すると、競争を勝ち抜くための、より高度な能力を求められるようになります。

理論と実践で能力をあげる

ナレッジ（knowledge）を、一般的な用語としての「知識」と訳したことで、ビジネス用語としては、意味があいまいになってしまいました。

そこで、知識を「**成果をあげるためのノウハウ**」と訳すと、わかりやすくなってきます。

ドラッカーも言っているように、ビジネスは「資質」が必要であるとともに「科学（学習）」も必要になります。さらに、「経験」で身につく技能の要素も多分に含んでいます。

ですから、知識を「成果をあげるためのノウハウ」と訳し、そのノウハウには技能も含めることにします。

そうすることで、「資質」×「学習」×「経験」となり、ビジネスの実態に近づきます。

「知識」って何?

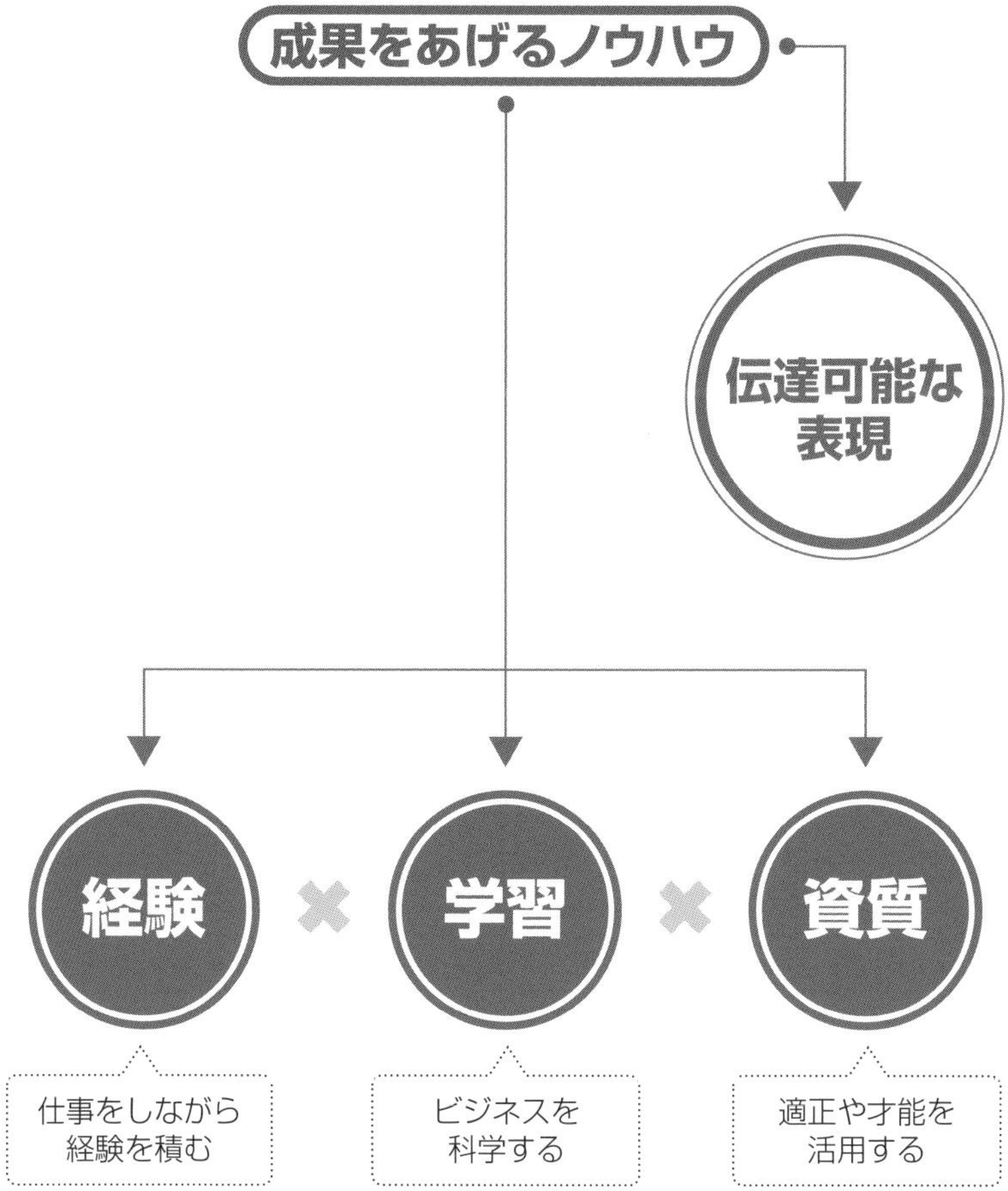
成果をあげるノウハウ
伝達可能な表現
経験
学習
資質
仕事をしながら経験を積む
ビジネスを科学する
適正や才能を活用する

参照
『現代の経営』（ダイヤモンド社）

企業には成長が必要か?

量的の成長は状況によるが、質的には絶対に必要

顧客に支持される企業になる

企業は成長のための仕組みです。ですから、成長しなければなりません。最低でも市場成長率を上まわる「量的な成長」が必要になります。

そうしなければ、相対的に小さな存在になり、市場や顧客に影響を及ぼすことができない、限界的な存在になってしまいます。

したがって、**市場の成長率を維持しているかぎり、それ以上の規模的拡大の必要性はありません**。

企業が求められているのは、選択権を持つ顧客に、必要とされ続ける存在価値ですから、常に市場との関係が重要になってきます。

しかし、顧客ニーズに応え、かつ、競争に打ち勝つための「質的な成長」は欠かせません。

規模が必要な企業もある

小規模市場戦略をめざす企業は、規模拡大の必要はありません。

しかし、大きな市場を対象にする小売業や卸売業、研究開発が必要な製造業では、仕入れ価格や物流コスト率の引き下げ、研究開発費の捻出のため、規模の利益を追う必要があります。

言い古された言葉かもしれませんが、「中途半端な規模の経営」は、今日でも厳しいのです。

中途半端な規模の企業の選択肢は、M&Aや合併で適性規模に拡大するか、事業の一部を売却または撤退することによって適性規模に縮小するしかありません。

事業を育成して成長するのも選択肢の一つですが、時間がかかりすぎてしまう可能性があります。

企業には成長が必要か？

2つの成長

量的な成長

常に必要なわけではない

最低でも市場成長率を上まわる成長は必要。ただし、それ以上の拡大の必要性はない

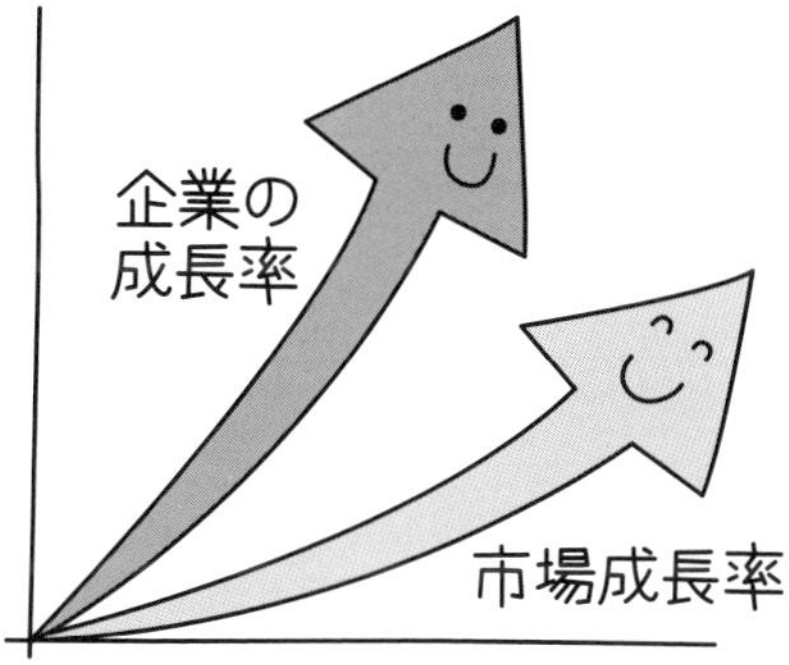
企業の
成長率
市場成長率

笑顔の練習
しながら
筋トレ

質的な成長

常に必要

顧客ニーズに応え、かつ競争に打ち勝つための努力が重要

参照

『現代の経営』（ダイヤモンド社）

Drucker

「マーケティング」って何?

顧客を起点（基点）とした企業活動のすべて

売れる仕組みづくり

「何を買うか」「どこで買うか」「いくらで買うか」「どのくらい買うか」の決定権を持っているのは、企業ではなく顧客です。

と言うことは、企業が売りたいものではなく、顧客の買いたいものを提供する必要があります。ですから、企業は顧客を起点とした事業活動を行わなければならないのです。

つまり、「顧客は何を買いたがっているのか」「いくらだったら買うのか」「どの販売ルートならば買うのか」を知り、それをつくり、顧客の望む方法で提供するのです。

このように、顧客の使用状況・購買状況からさかのぼって事業を組み立てていくのがマーケティングであり、事業活動そのものなのです。

三現主義を実践する

まず、「市場調査＝マーケティング」の固定概念を取り除くことです。そして、**「売る仕組み」ではなく、「売れる仕組み」**を構築してください。

そうすると、予算をかけて調査会社に市場調査を依頼すること以上に、日常の「現場に出て」「現物に接し」「現実を知る」三現主義の重要性が分かってくるはずです。

また、「現場とはどこか」を自問することも重要になってきます。売り場だけが現場ではありません。

小売り店舗も、工場も、駅のホームも、社員食堂も、採用担当には大学の求人掲示板さえも現場なのです。

このように、仕事の対象によって、現場も異なってきます。

「マーケティング」って何？

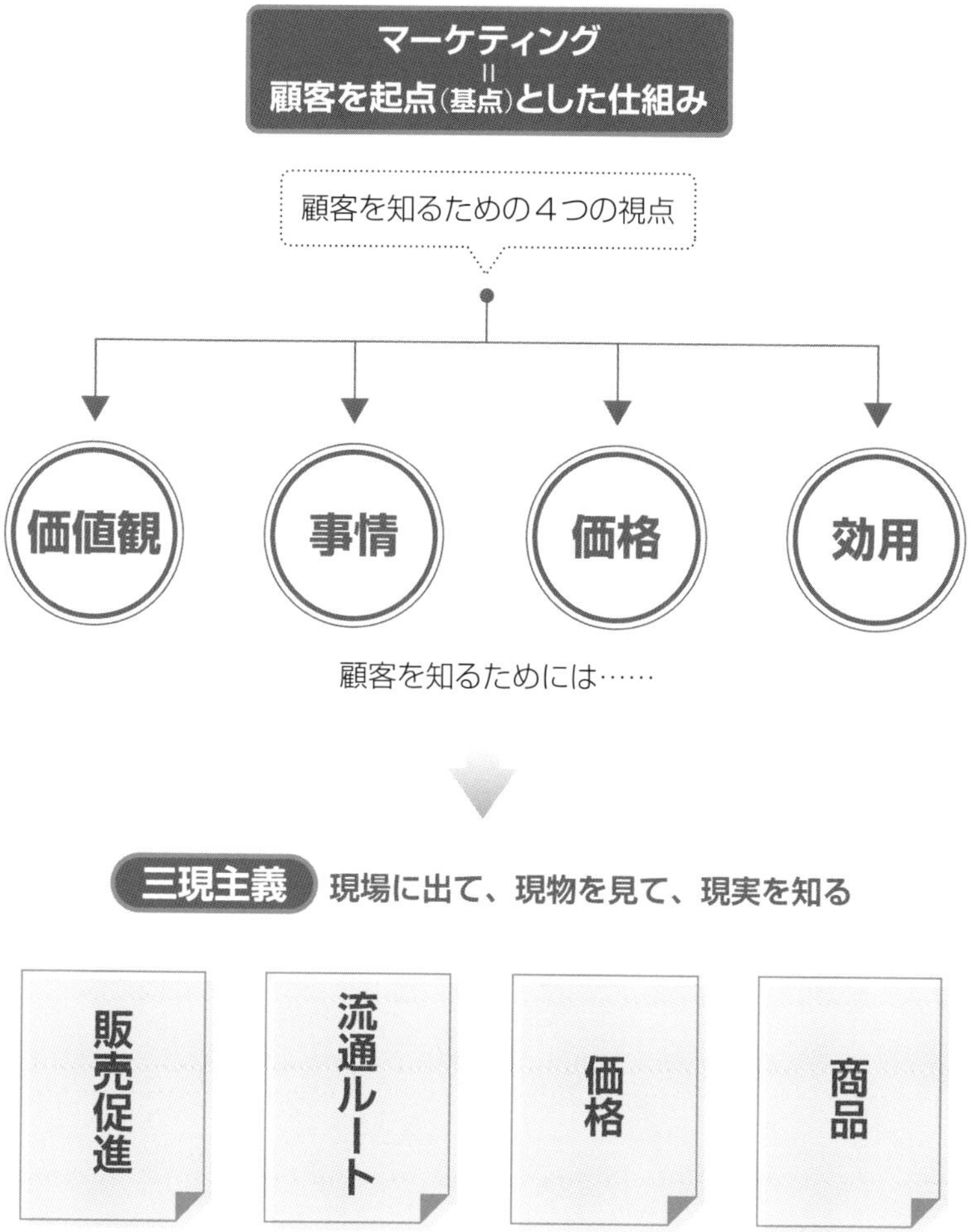
マーケティング
＝
顧客を起点（基点）とした仕組み
顧客を知るための４つの視点
価値観
事情
価格
効用
顧客を知るためには……
三現主義
現場に出て、現物を見て、現実を知る
販売促進
流通ルート
価格
商品

参照
『現代の経営』（ダイヤモンド社）

「生産性」って何？

投入と産出の差。付加価値を計る物差し

付加価値を高めよう

同じ業界で、同じヒト・モノ・カネ・時間を使っても、業績に差が出ています。これは生産性の差であり、言い換えると「経営力」の差です。

ですから、生産性は「経営力を計る物差し」と言えます。

その生産性を高める要素には、「人的資源」「物的資源」「資金」「時間」があります。これらの要素の生産性を向上させることによって、経営力は増していきます。

また、この生産性に影響を与える要因として、「使用するノウハウ」「商品構成」「製造プロセス（内製か外注か、流れ作業かセル生産かなど）の組み合わせ」「組織構造と活動のバランス」があります。

コスト率の発想を持つ

「生産性向上＝コスト削減」と思い込んでいる人も多いようです。しかし、生産性向上とは、投入量と産出量の差を大きくすることです。ですから、**「生産性向上＝コスト率の低下」**となります。

言葉遊びのようにも感じるかもしれませんが、2つは全く異質なものです。前者は「額」を、後者は「率」を下げることです。

コスト額を下げるには、投入量を減らすしかありませんが、コスト率を下げるには、投入量を減らすこと、投資によって投資以上のコストを削減したり、投資以上に生産量を増やしたりする方法もあるからです。

上記に掲げた4つの要素の視点から、4つの要因の継続的な改善・革新にチャレンジしてみましょう。

「生産性」って何？

生産性
＝
経営力を計る物差し
生産性を高める「4つの要素」
ヒト
（人的資源）
モノ
（物的資源）
カネ
（資金）
時間
生産性向上
＝
コスト率の低下
（産出力を大きくする）
（投入量を減らす）
生産性に影響を与える「4つの要因」
ノウハウ
商品構成
プロセス
組織構造と活動のバランス

参照
『現代の経営』（ダイヤモンド社）

「イノベーション」って何？

新しい売上げや利益を生み出す活動

継続的な改善と革新

一般的に言われているように、「イノベーション＝技術革新」ではありません。明治の日本は、技術はすべて欧米から輸入しましたが、社会的なイノベーションによって、江戸時代とはまったく異なる発展を遂げることができました。

第二次世界大戦後の日本の高度成長にも同じことが言えます。

つまり、イノベーションとは、「**新しい経済価値を生み出すための革新すべて**」をさすのです。

その中には、技術革新・制度の革新・用途の革新も含まれます。

また、革新のみをさすように思われがちですが、「継続的な改善」も、中長期的にはまったく違う企業体質をもたらしてくれます。

ただし、継続的な改善がイノベーションになるには、「継続的な経営環境」が前提になります。

たとえば、ガソリンエンジンを改良し続けても、電気自動車の時代になれば通用しません。

他の良いところを取り入れる

外国・他業界・他地域・他社で導入されていることで、自社には導入されていなければ、それらを導入することで、「低リスク」かつ「短期間」でのイノベーションが可能になります。

また、一般的に考えられている「技術的イノベーション」は、リスクも高く、商品化までの期間も長いため、イノベーションの優先順位としては、「アイデアによるイノベーション」と同様に、かなり低く評価されています。

「イノベーション」って何？

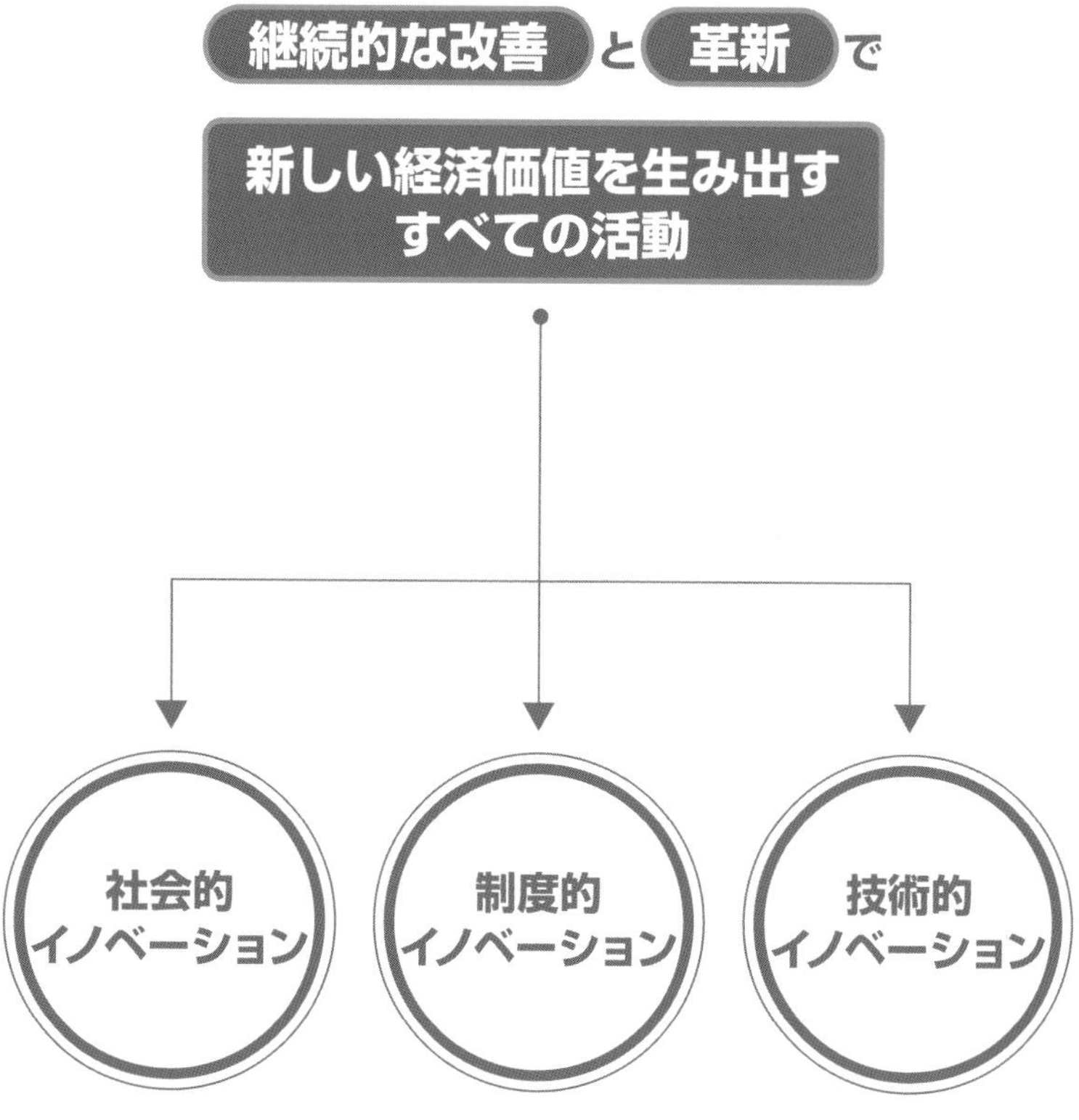

参照
『現代の経営』（ダイヤモンド社）

3つのバランスは?

重要度は同じだが、マーケティングが先にくる

どれも重要

企業は、顧客が、自社の望む価格で商品を買ってくれないと存続できません。ですから、マーケティングがはじめにきます。

しかし、マーケティング志向には、常にコストの増加圧力があります。それに対応するためには、生産性の向上が欠かせません。

より顧客のニーズに応え、より満足度を高め、そのうえで成長の糧である利益を獲得していくためには、現状のやり方や仕組みだけでは、限界がきます。そのため、イノベーション（継続的な改善や革新）が必要になってきます。

ただし、順番はこの通りですが、**重要度に優先順位はありません。どれか一つ欠けても企業は衰退します。**

バランスが必要

場合によっては、（1）マーケティング、（2）生産性、（3）イノベーションの順番になるとはかぎりません。

ときには、技術的なイノベーションが、顧客満足を引き出したり、画期的なコストダウンを実現したりすることもあるでしょう。

また、生産性の向上により、可能となる価格設定やサービスの充実が図れることもあります。

あるいは、企業が危機的状況にあるときには、なりふり構わず、在庫処分や利益の確保をしなければならないときもあります。

要は、三つの要素間のバランス、長期と短期のバランスが必要となるのです。

3つのバランスは?

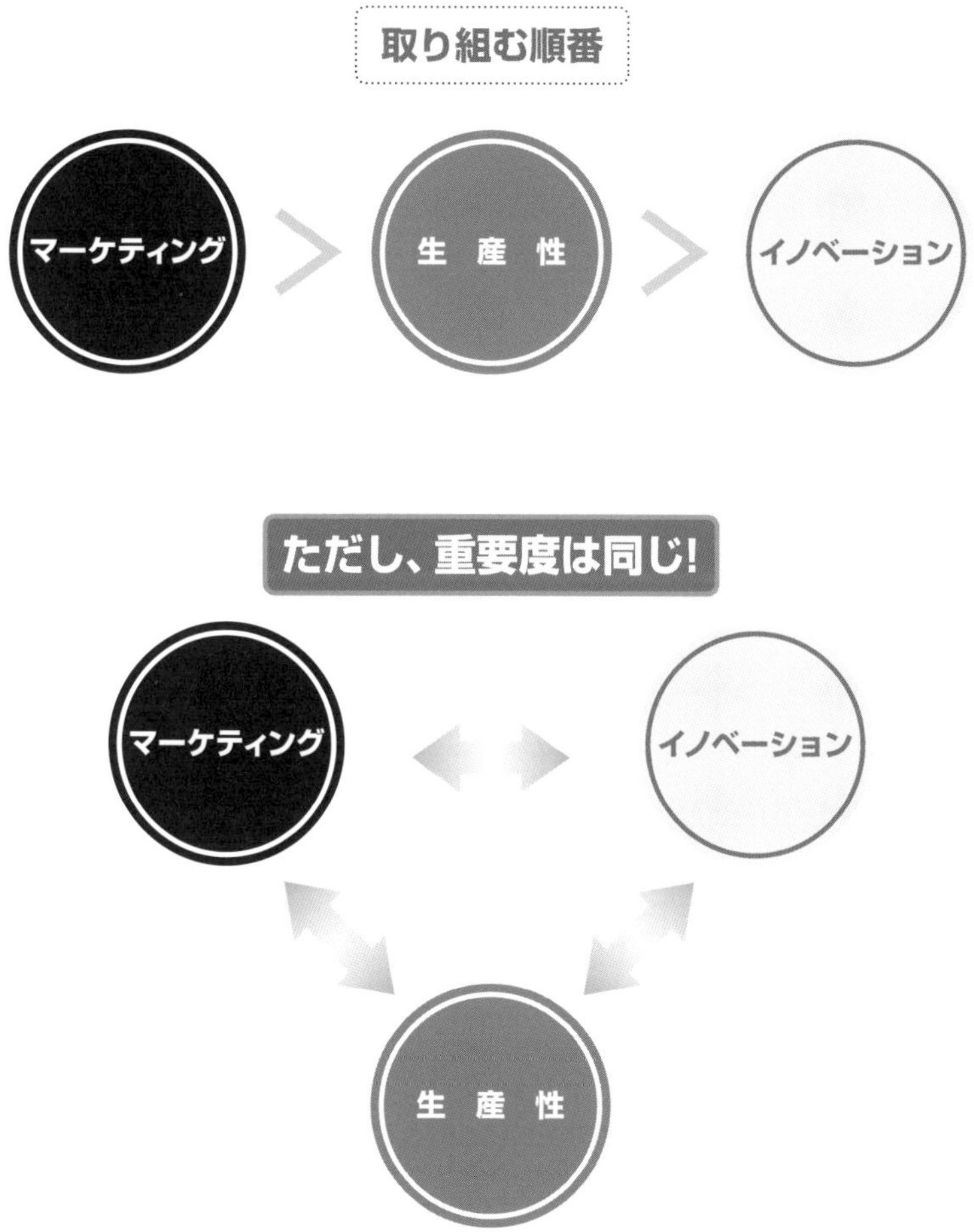

参照
『現代の経営』(ダイヤモンド社)

Drucker

第 2 章

環境

ビジネス環境を整理しておこう

IT化社会へ

時間・距離を縮め、仕事のプロセスを変える

考えることが仕事の本質になる

道具が変われば、仕事自体やレベルが変わってきます。それが、人間と動物がわかれた理由でもあります。

そうした意味で、ＩＴは思考とコミュニケーションに関わる道具ですから、ビジネス環境を一変させるものだと言えます。

距離と時間が短縮するため、「顧客」が変わります。また、「新しい商品」（サービス）を生み出します。さらには、ネット販売のように「流通ルート」も変わってきます。

あるいは、「計算」「記憶力」「通信」に強いため、仕事のやり方も根底から変わります。

人はルーティンワーク（定型業務）から解き放たれ、どのような事業や業務を行うか、データをどのように活用し、どのようなビジネスを展開するかが主な仕事になってきます。

ＩＴは「Ｔ」から「Ｉ」へ

ＩＴ社会は、情報の受発信が個人を含めたネットワーク型になってきますので、内部告発などを抑えることが不可能になってきます。

だからといって、インターネットの普及率が70％を超えていますので、無視するわけにもいきません。

ですから、顧客志向やコンプライアンスが欠かせません。

また、ＩＴの技術レベルは、まだ上がるでしょうが、**Ｔ（ＩＴ技術）以上に、Ｉ（内容）が重要になってきます**。

このような環境ですから、ＩＴを道具として使いこなせる企業が、競争優位に立てることは間違いありません。

IT化社会へ

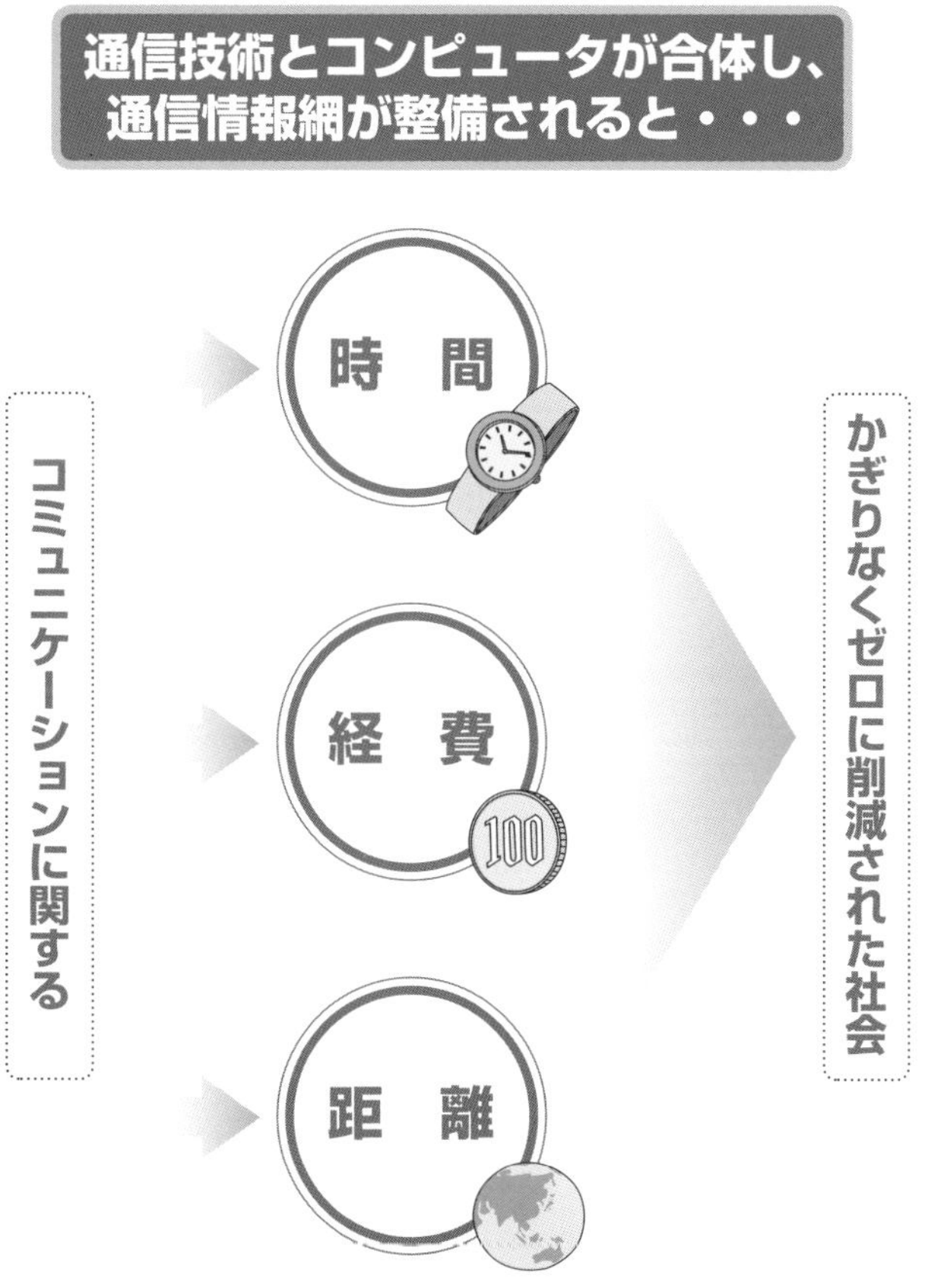
通信技術とコンピュータが合体し、
通信情報網が整備されると・・・
コミュニケーションに関する
時　間
経　費
100
距　離
かぎりなくゼロに削減された社会

時代は、「T」（IT 技術）から
「I」（それに載せる内容）へ

参照

『ネクスト・ソサエティ』（ダイヤモンド社）、『明日を支配するもの』（ダイヤモンド社）

情報が中心の世界になる

情報ですべてを認識し、分析・思考する世界になる

情報を基準に考える社会

これまで組織は、「分業の体系」としてとらえられてきました。しかし、これからは、「情報の流れの体系」としてとらえる必要もあります。これを人体で考えるとわかりやすくなります。

手や足、臓器はそれぞれ重要な役割を果たしています。それぞれが健康で強くなければ、全体として強い体にはなれません。

しかし、それらを人体から切り離すと、どんなに優れた部位でも機能しません。神経でつながれてはじめて役割を果たすのです。この関係は、企業内にとどまらず、取引先との関係も同じです。

こうした有機的な結びつきは、情報でしかとらえることはできません。

混在する社会

ドラッカーの著書には、「情報社会」「知識社会」という言葉が出てきます。しかし、現実には、まだ「情報化社会」「知識化社会」なのです。

「化」とは、「そうなりつつある」ことですから、まだ「情報社会」「知識社会」に移行しきっていないのです。「物質社会」や「肉体労働社会」を引きずりながら、「情報社会」「知識社会」へ入ろうとしているのです。

ただし、「情報社会＝IT社会」ではありませんので、人にしかできない業務がなくなることはありません。

むしろ、「機械にはできない」「機械よりも安くできる」分野や、他社が嫌がる労働集約的な業務（清掃・警備・高度な検品など）がニッチとなっている分野もあります。

情報が中心の世界になる

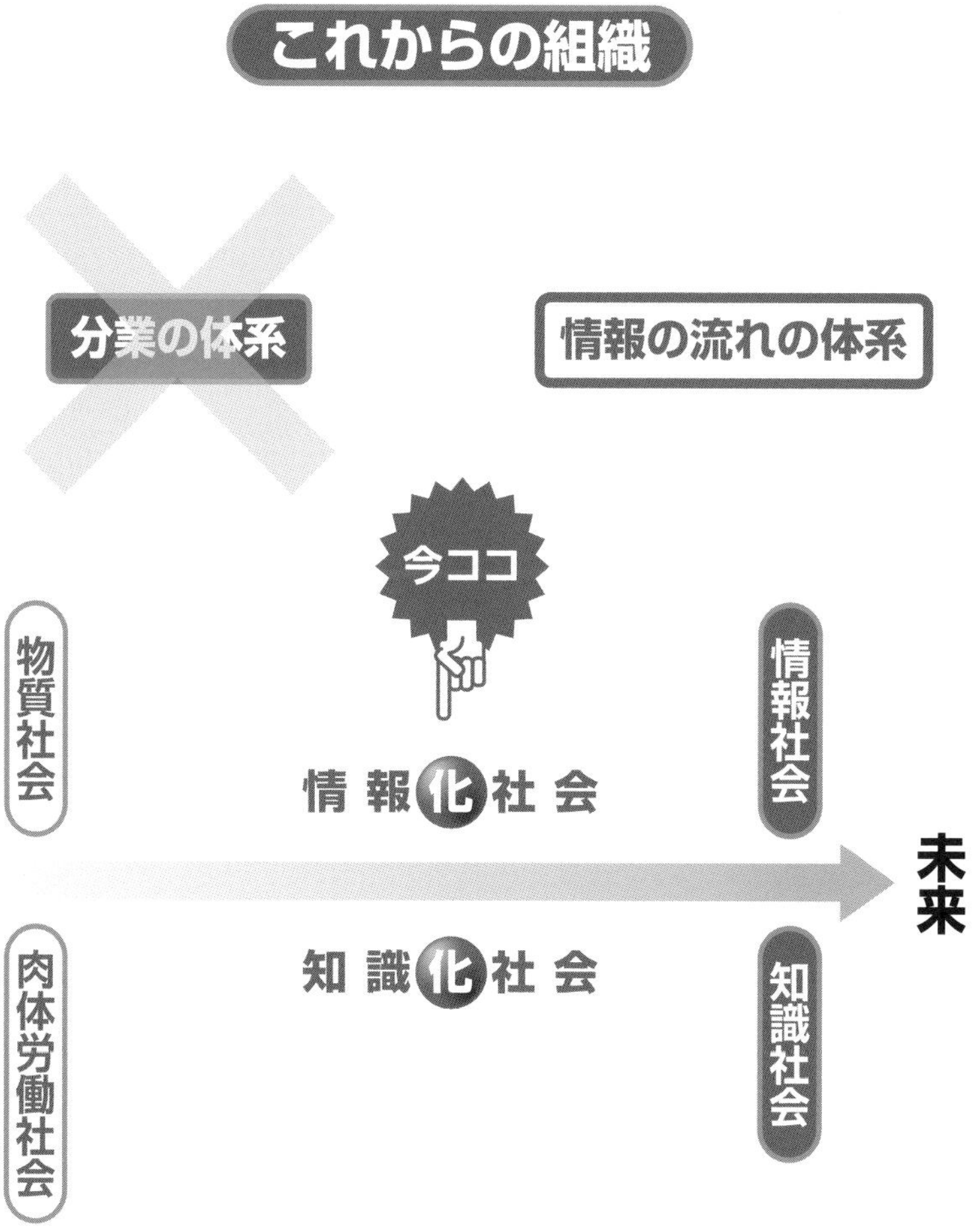
これからの組織
分業の体系
情報の流れの体系
今ココ
物質社会
情報化社会
情報社会
未来
肉体労働社会
知識化社会
知識社会

参照

『ネクスト・ソサエティ』(ダイヤモンド社)

グローバリゼーション

経済的に世界が連動する1つの市場になる

世界のなかの自分と自社

インターネットの普及で、コミュニケーション手段に関する「時間」「距離」「費用」が短縮あるいは消滅しています。

また、運輸網が発達し、世界中のどこからでも、どこへでも人やモノを運ぶことが可能になりました。

さらに、冷凍技術や、梱包技術などの発達で、運ぶモノを選ばなくなりました。生鮮食品や精密機械でも問題なく運べます。

ところで、これまでのグローバリゼーションは、先進諸国（資本・技術集約型）と発展途上国（労働集約型）との垂直的な分業でした。

これが、競争の激化にともない、**各国とも、もっとも強い分野に集中する水平的分業の時代になっています。**

広域も地域密着も可能

今日の市場では、大企業にかぎらず、中小企業においても競争相手は世界・全国にいます。たとえば、地方都市の本屋の最大の競争相手は、隣の書店ではなく、アマゾンなどのネット販売業者でしょう。

ですから、グローバルに物事を考えなければ、ビジネスは成立しません。

しかし、人の特徴（心遣いや人のぬくもりなど）が必要な事業（介護やケアなど）では、現場に人が密着しないとビジネスは成立しません。

グローバル（広域）化が進めば進むほど、ナロー（地域密着）化も重要になってくると思われます。

ですから、「広い視野で考え、広範囲での事業」も、「広い視野で考え、地域密着の事業」も有効です。

グローバリゼーション

◎インターネットの普及
◎運輸網の発達
◎冷凍技術・梱包技術の発達

グローバル化が進む

これまで

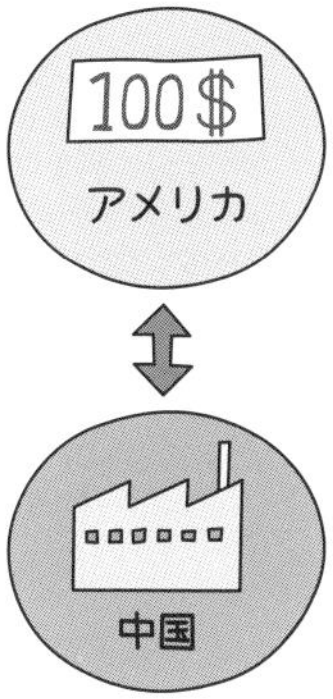
100＄
アメリカ
中国

資本・技術集約型
→労働集約型の垂直的な分業

現在

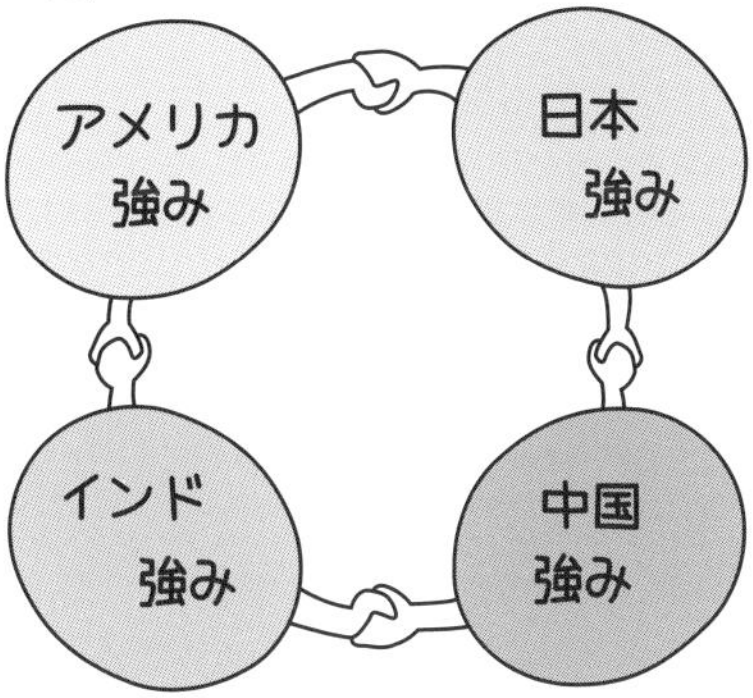
アメリカ
強み
日本
強み
インド
強み
中国
強み

各国とも最も強い分野に集中する
水平的な分業の時代

グローバル化とともにナロー（地域密着）化も
重要になってくる

参照

『ネクスト・ソサエティ』（ダイヤモンド社）、『乱気流時代の経営（ダイヤモンド社）』

高度の競争社会へ

ノウハウは普及しやすく、他市場への新規参入が可能

格差社会の拡大

基本的に、ノウハウは、それを使う人の頭の中にあります。頭の中が仕事場ですから、それを使ってできる仕事ならば、業界や企業は問いません。

また、終身雇用が崩れ、転職への抵抗感が希薄になりつつあります。

さらに、必要な二次データはほとんど無料で入手できます。

それに、経済の成熟化から、産業の境目もあいまいになりつつあります。

このような理由で、**あらゆる産業への参入障壁が低くなり、競争が激化している**のです。

また、知識労働は肉体労働と異なり、長時間労働も可能です。働く人とそうでない人の能力と所得は、ますます開いてきます。

勝ち残るか淘汰されるか

情報化社会の進歩のスピードは、日進月歩です。秒進分歩という人もいるくらいです。

ですから、瞬間的にトップに立てても、次のステージでトップに立てるとはかぎりません。

現在は、ゴールの見えない道のりを、ひたすら走らされているようなものです。

そうした状況で業績を維持・発展させようと思えば、休みなく働かざるを得ません。そのため、過去にないほどのストレス社会でもあります。

だからといって、「自社はほどほどでよい」という考えは通用しません。一極集中するビジネス社会の中では、勝ち残るか、淘汰されるかの二者択一しかないのです。

高度の競争社会へ

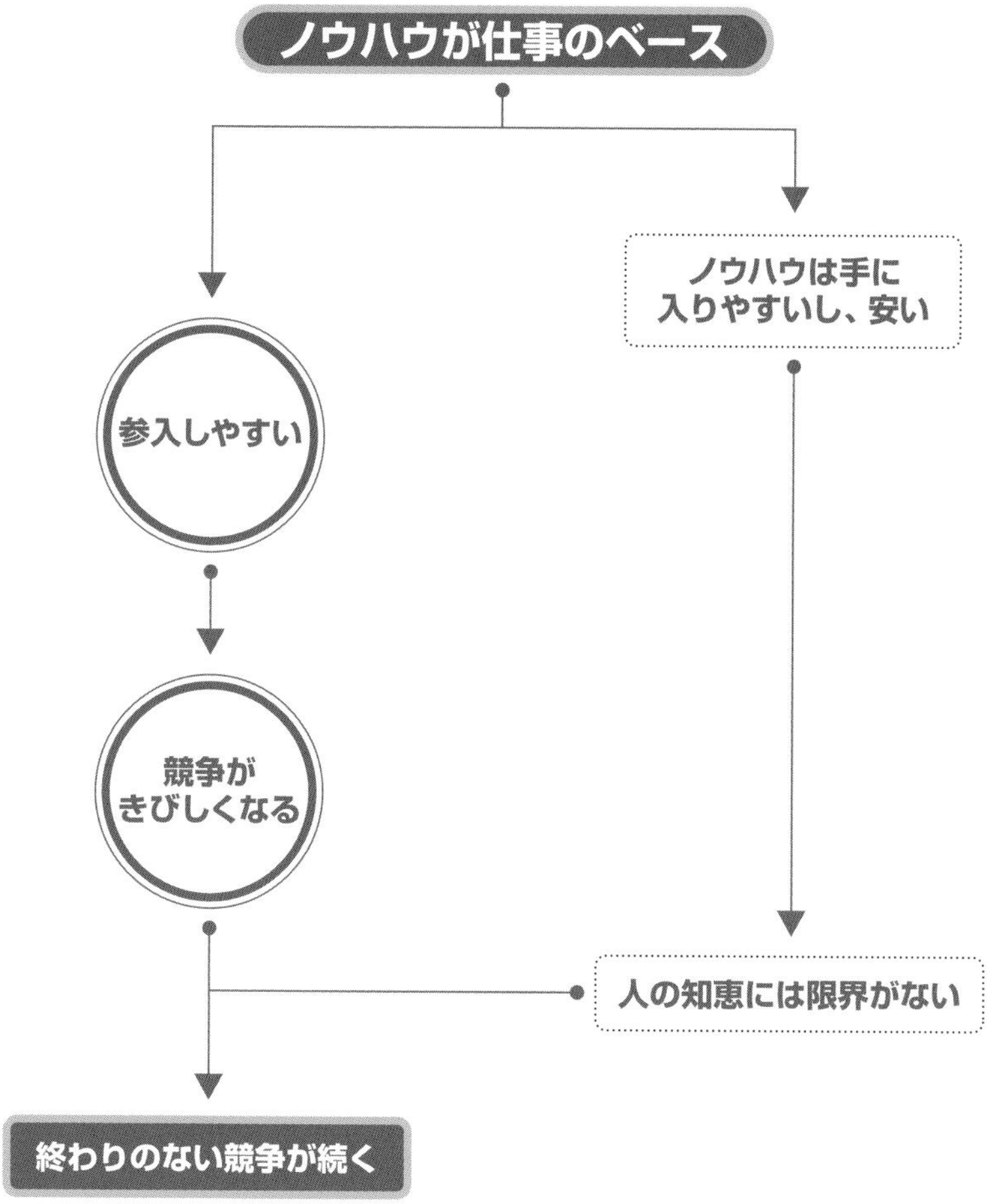
ノウハウが仕事のベース
ノウハウは手に
入りやすいし、安い
参入しやすい
競争が
きびしくなる
人の知恵には限界がない
終わりのない競争が続く

参照
『ネクスト・ソサエティ』(ダイヤモンド社)

保護主義の復活

競争が厳しくなれば、保護が必要な人たちも多くなる

保護の業種か、いけにえの業種か

産業は、衰退とともに経済に与える影響は小さくなります。しかし、政治に与える影響は反比例して大きくなります。農業がその典型です。

専業農家の従事者は数%、GDPのシェアも一桁ですが、税金の投入額はそれらを大幅に上まわっています。

そして今日、サービス業の従事者が増える一方で、製造業の従事者が減少しています。これに新興国の追い上げが加わり、製造業の地位は、さらに低下していくことでしょう。

そうなれば、**競争力のない産業で、保護主義を求める声が高くなってくるに違いありません**。実際、EUや北米、南米などで、保護主義やブロック経済化の動きが出つつあります。

日本も例外ではありません。しかし、弱い産業を保護するために、交換条件として、それ以外の産業が犠牲になっています。国際社会では、かならず見返りを求められるからです。

傾向を認識する

これまでの保護主義といえば、「輸入規制をする」「関税を高くする」方法でした。

しかし、これからは、「補助金」「輸入割当」「諸々の規制」などに変わってきます。

これらの保護政策が、良いか悪いかを議論するつもりはありません。傾向として知っておく必要があるということなのです。

「すでに起こった未来」として準備すれば乗り越えられる危機も、「寝耳に水」では対応のしようがないからです。

保護主義の復活

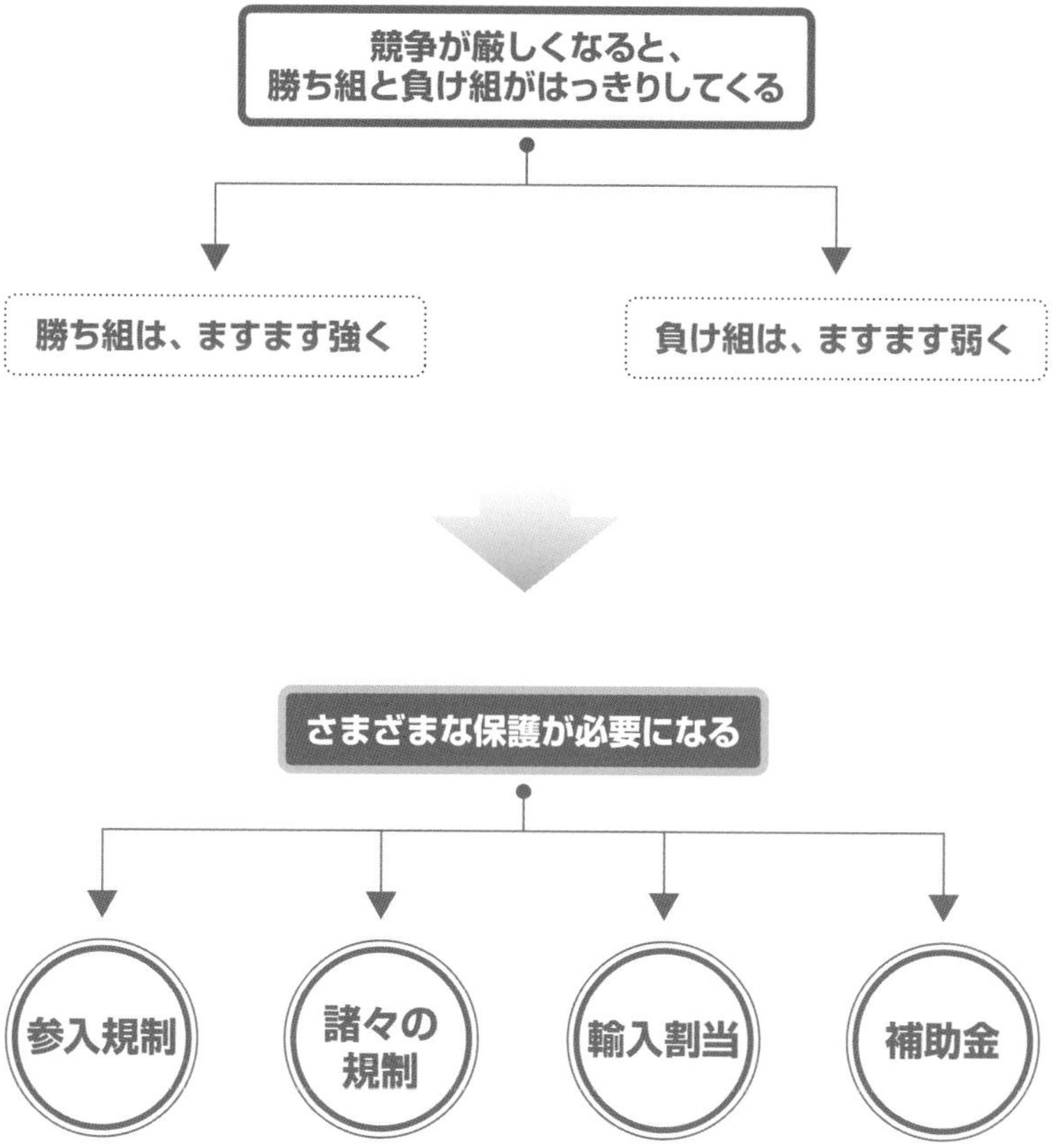
競争が厳しくなると、
勝ち組と負け組がはっきりしてくる
勝ち組は、ますます強く
負け組は、ますます弱く
さまざまな保護が必要になる
参入規制
諸々の規制
輸入割当
補助金

参照
『ネクスト・ソサエティ』（ダイヤモンド社）

Drucker

少子・高齢化

重要かつ確実に予測できる唯一の環境である

人口構造の重要さを知っておく

人口の変化だけは、チャンスととらえても、反対に避けられないピンチだとしても、準備期間は十分にあります。

また、人口の変化は、たんに総人口だけではありません。**ビジネスに影響を与え、注意を払わなければならない要因は、総人口の増減以上に、年齢構成・所得の動き・男女比・地域間の移動**です。

たとえば、少子・高齢化は、雇用にも大きな影響を与えます。若年の男性社員が減少すれば、女性・高齢者・外国人で補うしかありません。

男社会の企業では、女性の登用はとまどうでしょうし、文化の異なる外国人ではそれ以上でしょう。また、高齢者の雇用では、短時間や短期間などの配慮が必要になってきます。

「量の市場」から「質の市場へ」

少子・高齢化は、「量の市場」から「質の市場」への変化を意味します。

若者が減少すると、すべての消費が減少してきます。

たとえば、中高年齢者が食べる量は、成長期や肉体労働の若者にはかないません。反面、中高年齢者には、安くて量が多いものより、量は少なくても品質の良いものが好まれます。

また、アパレル業界で、ユニクロが好調なのも、低価格ながら品質にこだわっているからです。

このように、日本の「質の市場への移行」は、アジア・アフリカ諸国との食品安全基準の違いでも明らかです。

ただし、その品質を偽装や改ざんでごまかそうとする風潮があることは非常に残念です。

少子・高齢化

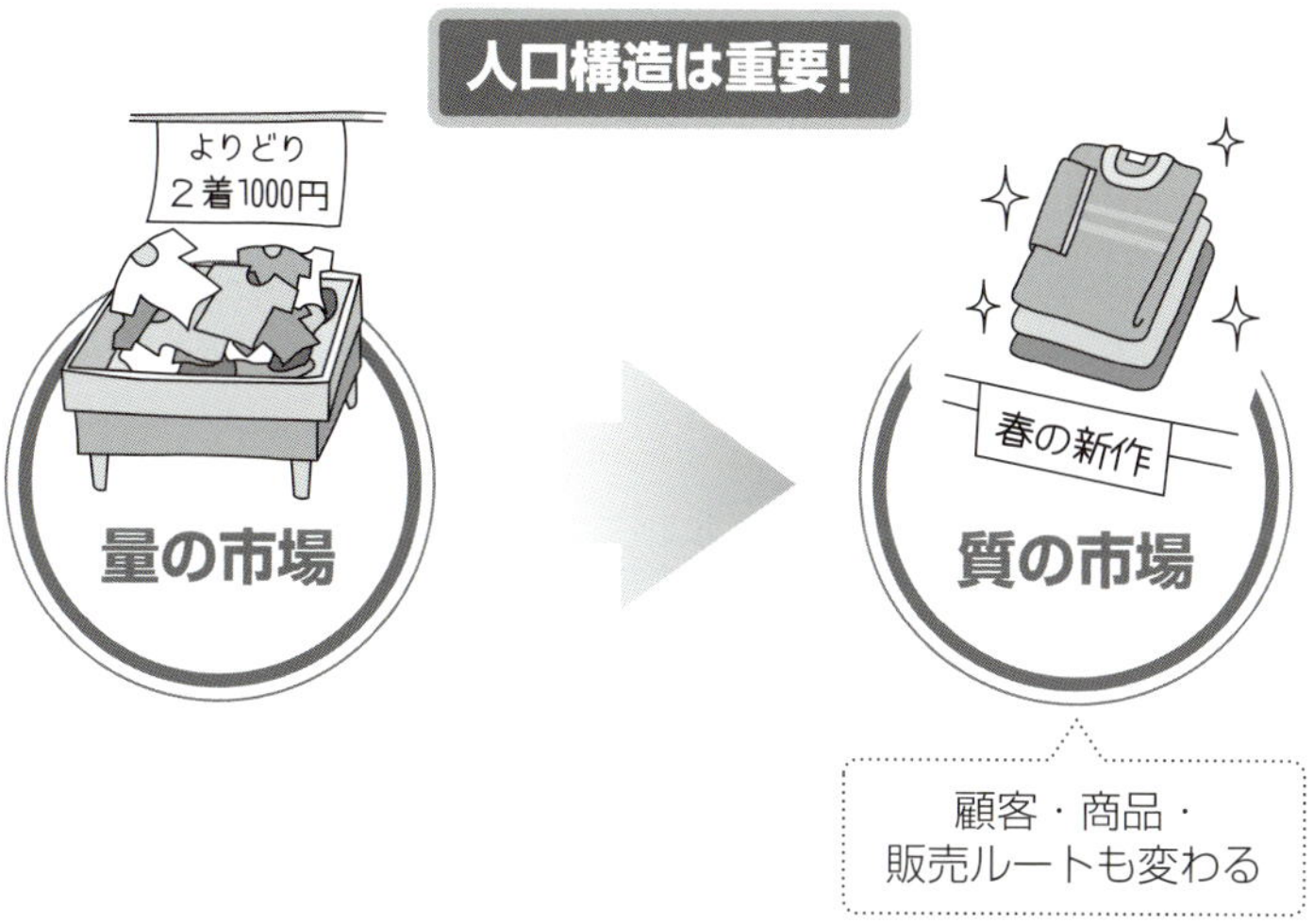
人口構造は重要！
よりどり
2着1000円
量の市場
春の新作
質の市場
顧客・商品・
販売ルートも変わる

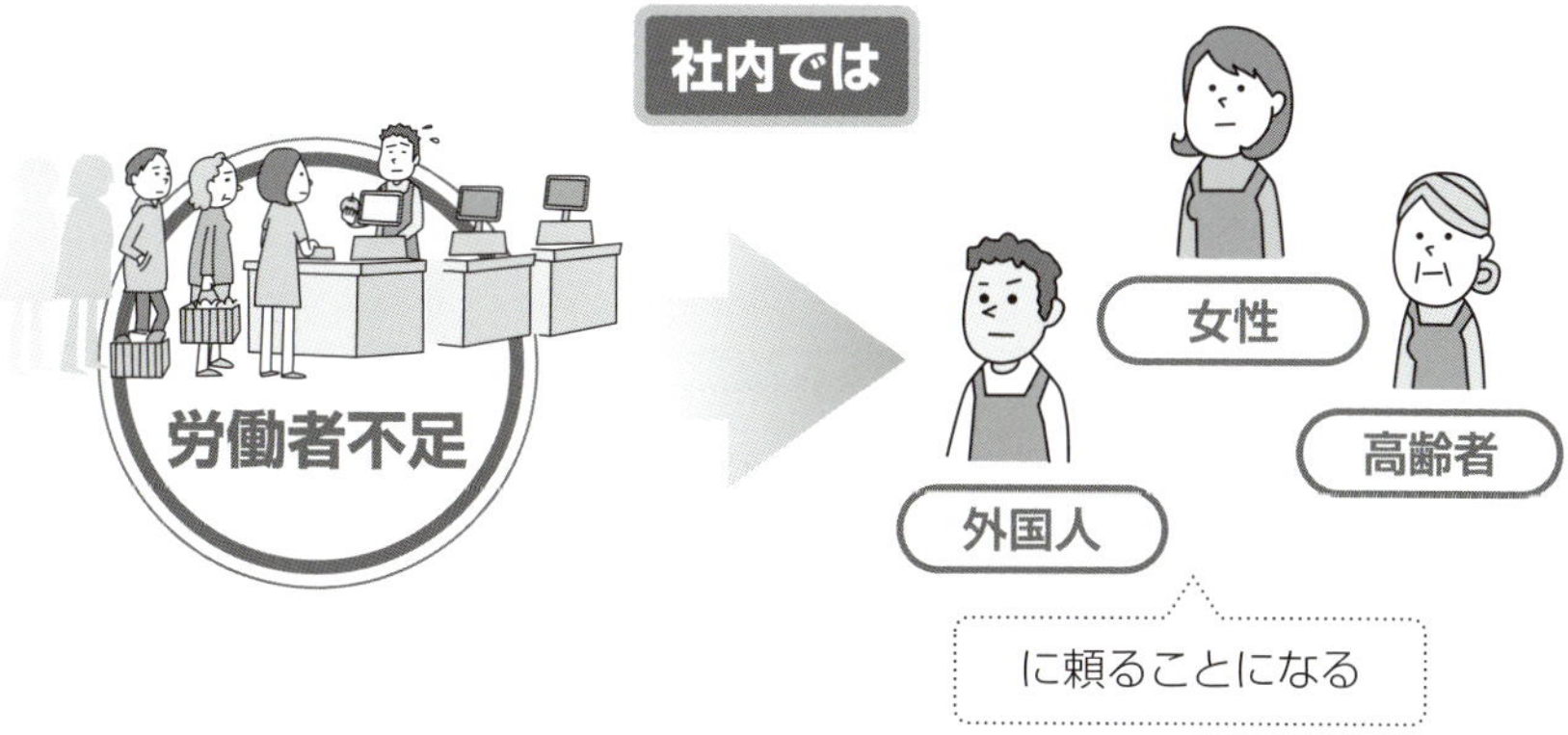
社内では
労働者不足
女性
高齢者
外国人
に頼ることになる

参照

『ネクスト・ソサエティ』(ダイヤモンド社)

Drucker

雇用の変容

雇用形態と就労形態が多様化してくる

多様化する雇用形態と就労形態

日本でも、第二次産業（製造業・鉱工業）の従事者が30％を切りました。第一次産業（農林水産業）の従事者は数％にすぎません。

その分、第三次産業（小売業・卸業・サービス業）の従事者は65％を超えています。

今日では、大企業のみならず、多くの企業で、正社員、パート、アルバイト、季節工、嘱託、派遣、請負、出向などの名称で、さまざまな種類の労働者が、同じ職場で働いています。

また、勤務体制も一律ではなく、フルタイム以外にも、フレックスタイム、シフト制、在宅勤務などもあります。

さらに、国籍・価値観・年齢も多様になりつつあります。少子化・国際化が進む中では当たり前です。

社員にもマーケティング志向を

少子化で必要な労働力、とりわけ優秀な人材を確保するためには、年齢や性別に関係なく、優秀な人材が働ける環境を創ることが大切です。

皆と一緒に、皆と同じ時間働けなくても、優れた貢献をしてくれる人はたくさんいます。これは、高齢者や子育て中の女性の勤務体制を例にするとわかりやすいですね。

企業は役割分担があるから定数も必要ですが、人が売上げを伸ばし、人がコストを削減し、人が顧客満足を高めることを考えれば、優秀な人材は、もっとも貴重な資産です。

この人たちのニーズに応えることが、成長の大前提になります。つまり、優秀な人に対するマーケティングも欠かせないということです。

雇用の変容

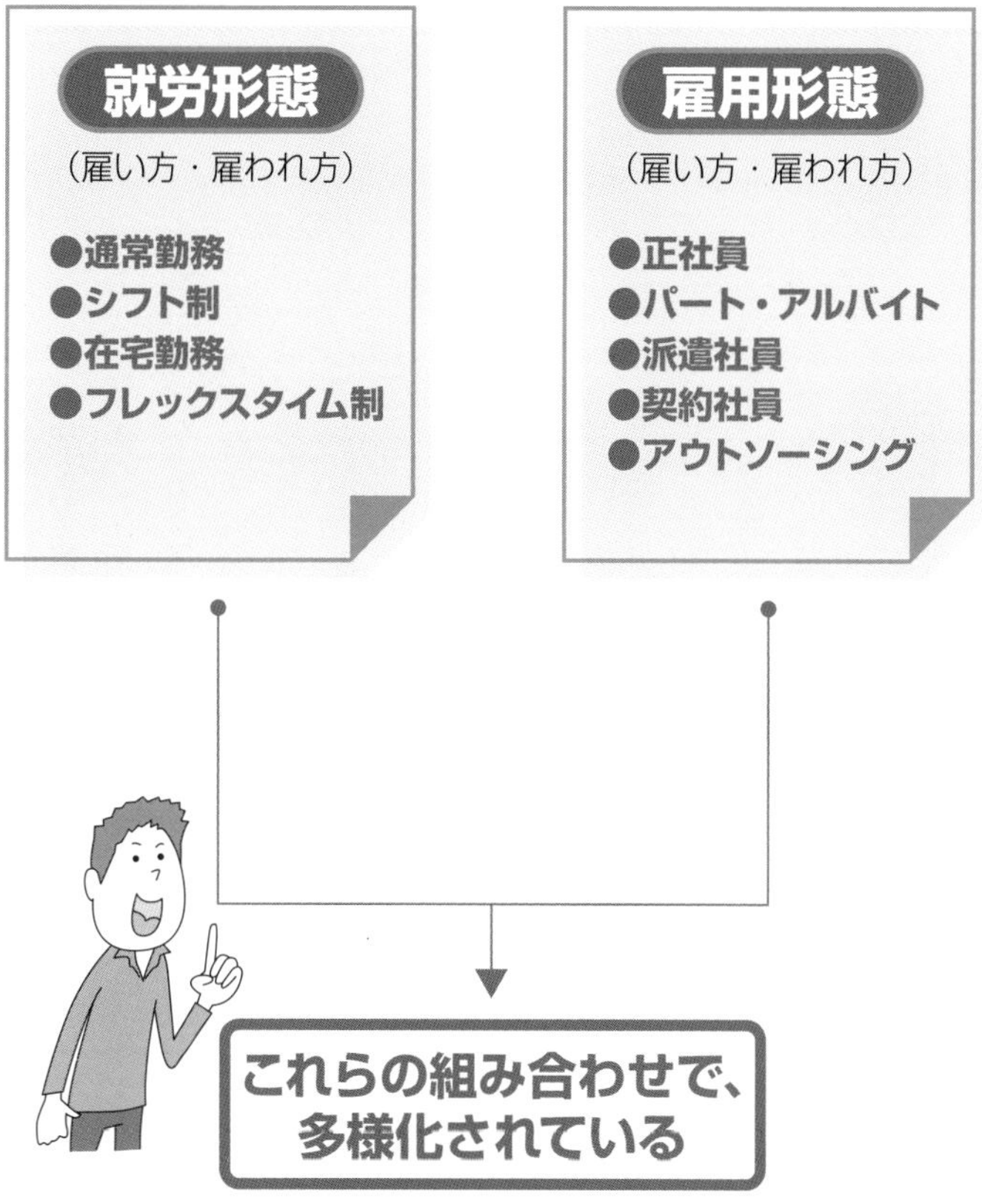
就労形態
（雇い方・雇われ方）
●通常勤務
●シフト制
●在宅勤務
●フレックスタイム制
雇用形態
（雇い方・雇われ方）
●正社員
●パート・アルバイト
●派遣社員
●契約社員
●アウトソーシング
これらの組み合わせで、
多様化されている

参照
『ネクスト・ソサエティ』（ダイヤモンド社）

分析から知覚へ

変革期では分析に意味がなく、感じ取るしかない

分析から知覚の時代へ

知覚を辞書で調べると、「感覚器官を通して、外界の物事や身体内部の状態を知る働き」となっています。

転換期では、過去の延長線上に今日の環境があるわけではないので、分析が役に立たないことがあります。

そうした状況では、暗闇と同じように、まわりの動きを五感で感知する以外にありません。

また、組織は目的を必要とします。それが、企業では経営理念になりますが、経営理念は感覚的なものですから分析の対象外です。

同じように、市場動向もある程度の分析が可能ですが、分析で得た情報をもとに、どのような意思決定を行い、どのような活動をするかは、知覚に頼る以外にありません。

自社の適性規模を知る

恐竜が死滅した理由として、脳の働き以上に、体が大きくなり過ぎたことがあげられます。

体が大きくなり過ぎたために、外部の変化や、体の各部位で起こっている情報をうまく処理できなかったのですね。

情報化社会での経営は、変化のスピードが速くなるため、これまで以上に「適性規模」が求められるようになってきます。**「適正」を「適性」としているのは、規模には適正がないからです。**

動植物に、生き残るための適性サイズがあるように、産業ごとに企業の適性規模があります。

また、同じ産業でも、経営者や管理者の能力によっても適性規模は異なってきます。

分析から知覚へ

転換期には「分析」が通用しない！

分析
過去の事象や経験則から、次にどうすべきかを考える。
現在が過去の延長線上にあってこそ可能

知覚
転換期には、今の環境が過去の延長線上に
あるわけではないので、
周囲を五感に頼って感じ取るしかない

適性規模が大切

恐竜は、脳の働き以上に体が大きくなりすぎて、
体の各部位で起こっている情報をうまく
処理できなかったことが死滅につながったともいわれる。

企業にも「適性規模」がある！

参照
『イノベーターの条件』（ダイヤモンド社）

Drucker

企業の形が変わる

提携・合併・非社員化で、形態や運営が変わる

連携に境はない

環境変化に対応し、あるいは環境に働きかけて市場を創り出していくのが企業の役割です。

その市場が高度化し、変化のスピードが速まっている状況では、すべて社内でまかなおうとしても、変化への対応力に限界が生じます。

また、知識労働者が主な働き手になる社会では、企業よりも仕事そのものに忠誠心を感じる人が多くなってきます。このような状況下では、企業のあり方も変容せざるを得ません。

変化が速ければ、「強み」が「ありふれた能力」に変わるスピードも速くなります。

そうなると、社内にすべてを抱えるよりも強い企業同士が連携（Win・Winの関係構築）した方が、対応力は増します。これまでのように、社内だけ、系列だけ、下請けだけとの結びつきではなくなるのです。

強者連合に入れるように

現在は「総合○○」では通用しにくい時代です。この傾向はさらに進むでしょう。

そうなると、社内のあらゆる機能が「平均的」「そこそこ」というのは通用しなくなってきます。

このような経営環境では、圧倒的な強みを持ち、他社から連携の声がかかる企業が勝ち残っていくことになります。

たとえば、「調査」「企画」「設計」「製造」「販促」「販売」「物流」などのどれかに強みを持つ企業は、他の強い機能を持つ企業との連携が可能になります。

企業の形が変わる

◎市場変化が高度化、スピード化すると、1社単体での対応力に限界が生じる

◎知識労働者が主な働き手になると、企業よりも仕事そのものに忠誠心を感じる人が多くなる

◎変化が速いと、「強み」が「ありふれた能力」に変わるスピードも速くなる

企業同士が連携するほうが対応力は増す

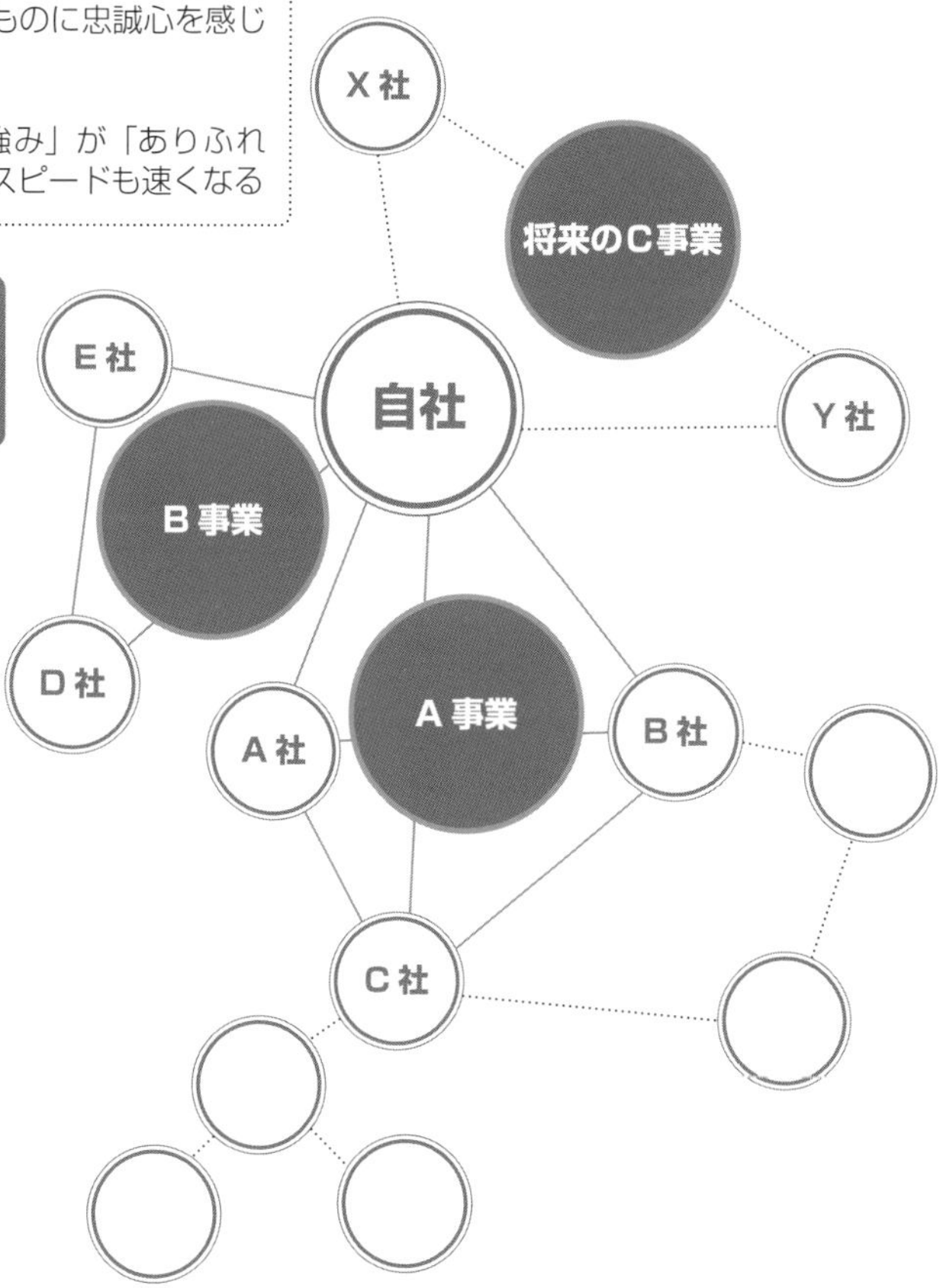

参照

『ネクスト・ソサエティ』(ダイヤモンド社)

NPOから学ぶこと

利益がないため使命から入り、方針がブレない

事業定義の必要性

ドラッカーはNPO（教育・福祉・宗教などの非営利組織）を高く評価した人でした。

優れたNPOは、何かをする場合、かならずスタッフ全員の目的である使命（ミッション：事業の目的）の確認から入ります。

そして、使命にもとづく事業のみを忠実かつ集中して行います。これは、組織の原則です。そして、一般企業も大いに学ぶべき点です。

企業には利益という「誤解の元」があるため、ついつい目的から逸脱した事業に進出しがちです。

同じように、優れた企業でも、事業領域内での活動を徹底しています。

たとえば、M&Aで有名な日本電産は、モーターのみに特化しています。また、二足歩行ロボットを開発した本田技研工業も、事業目的である「モビリティ」（移動性）から一歩も出ていません。

こうなるためには、次の3つが必要です。

第一に、**経営戦略**が必要になります。成果（使命の達成）をあげるためには、企業の内部からスタートするのではなく、経営環境や顧客ニーズからスタートしなければなりません。

第二に、**経営に対するチェック機能を充実させる**必要があります。形骸化している取締役会の役割と責任を明らかにすることです。執行と監査を同じ人間でするのは困難ですから、外部取締役を入れるのが良いでしょう。

第三に、社員のやる気を引き出すために、賃金や昇進だけでなく、「**報酬としての責任ある仕事**」を提供することです。責任の伴わない「やりがいのある仕事」はないからです。

NPOから学ぶこと

NPOの特徴

無給である

モチベーションは賃金ではなく、
“責任感”にある！

- **使命の達成**
- **経営に対するチェック機能**
- **責任ある仕事**

給料（経済的な満足）
だけでなく、
精神的な満足も提供しよう
教訓！

参照
『チェンジ・リーダーの条件』（ダイヤモンド社）

景気変動に対応する

景気は変動することを前提に、底流と傾向を知る

三つの考え方

景気の動向は、短期的には悪影響を避けられませんが、中長期的には対応が可能です。その方法とは、

第一に、景気変動を予測することはできません。ですから、景気は常に変動するものだと認識して、経営することです。

第二に、底流を探すことです。たとえば、中国の人口や経済成長率からすると、近い将来には、世界一の消費国になるのは間違いありません。これら、人口、社会、政治、経済、産業など、現在の事実が将来に直結する情報を、ドラッカーは「**すでに起こった未来**」と言っています。

第三に、傾向（トレンド）を知ることです。株式などは短期間で、社会・文化は長い時間をかけて変化します。したがって、各種の統計資料の分析から、必要事項の将来を予測できます。

三つの考えは併せて使う

以上述べた3つの考えは、併せて使うことが大切です。景気変動に対応するためには、経営環境は変化するもの、予測は外れるものと認識するだけでは役に立ちません。

「すでに起こった未来」は、かならず起こるはずですが、人口構造以外は、いつ起こるかまでは予測できません。

トレンドは、いつ頃起こるかは予測できますが、どの程度起こるかまではわかりません。

これら三つの考え方を踏まえて、経営計画に「幅」を持たせれば、多少の上下動があっても、だいたい「想定の範囲内」になります。想定内のでき事は対応が可能です。

景気変動を回避する

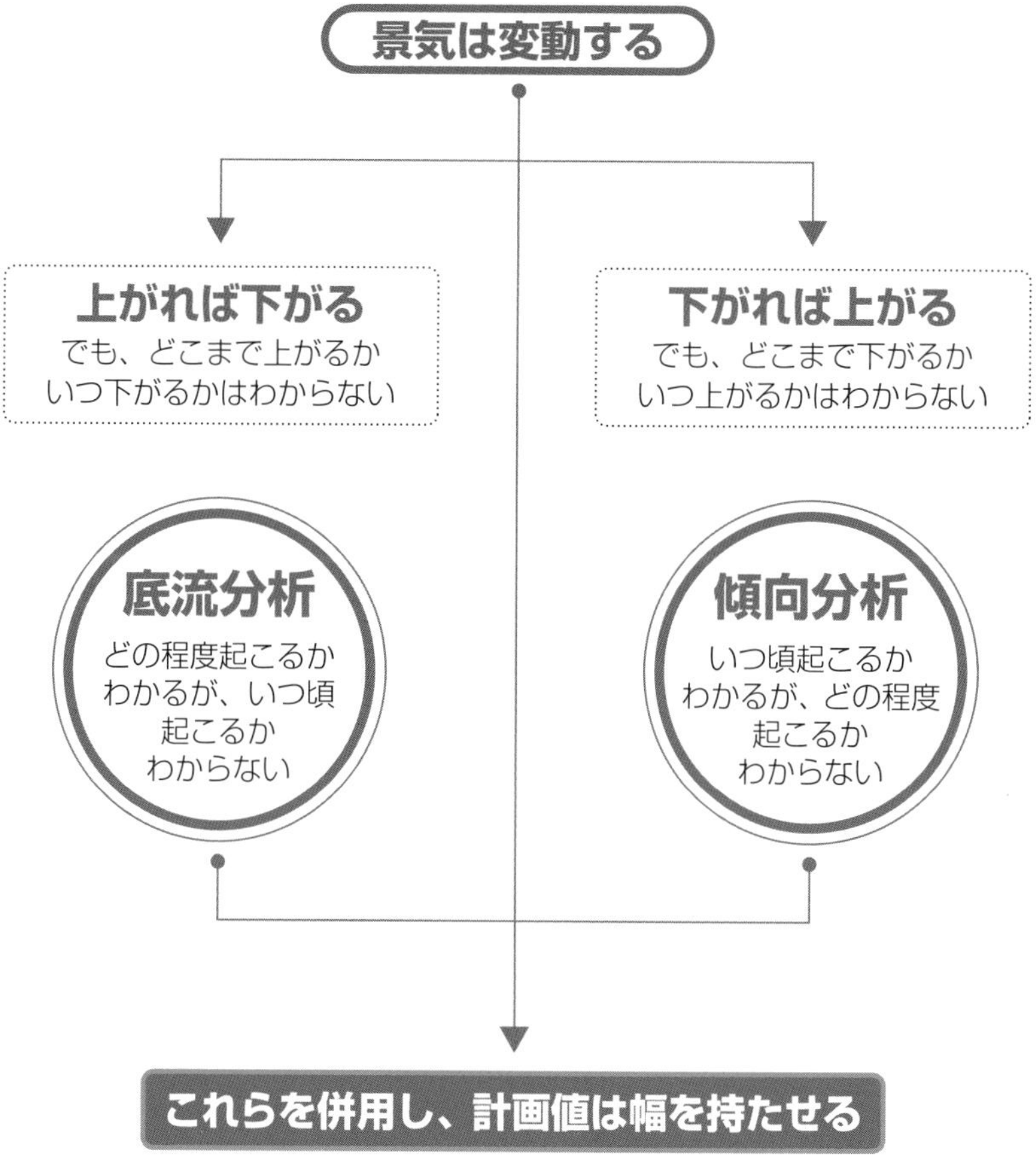
景気は変動する
上がれば下がる
でも、どこまで上がるか
いつ下がるかはわからない
下がれば上がる
でも、どこまで下がるか
いつ上がるかはわからない
底流分析
どの程度起こるか
わかるが、いつ頃
起こるか
わからない
傾向分析
いつ頃起こるか
わかるが、どの程度
起こるか
わからない
これらを併用し、計画値は幅を持たせる

参照
『現代の経営』（ダイヤモンド社）

Drucker

第 3 章

戦略 I

構想する力

戦略の必要性

競争に勝つ方法はただ1つ、選択と集中である

戦略とは選択と集中である

厳しい経営環境下で勝ち残る方法はただ一つ、**「強みの分野を選択」し、それに「経営資源を集中的に投入する」こと**です。企業規模の大小は問わず、これ以外に方法はありません。

たとえば、あれほど身体能力が高い大リーグ・マリナーズのイチロー選手は、他の競技でも一流になれる可能性があるにもかかわらず、野球の、しかも外野守備と安打製造機に専念しています。

経営資源を分散すると、エネルギーあたりの生産性（効率）が落ちます。その証拠に、経済の発展途上段階では財閥（複合企業体）が存在しても、経済や政治が成熟段階になると、財閥は存在できなくなります。

つまり、競争の厳しい世界では、資金ではなく、ノウハウの方が重要な経営資源になってくるのです。「何でもできます」「何でもあります」は、「器用貧乏」（中途半端）の言い換えにすぎなくなるのです。

三年後のために今からする仕事

三年後の御社は、三年後に創られるのではなく、今日からの活動で創られていきます。「ローマは一日にして成らず」です。

したがって、強くて良い企業になるためには、昨日までの延長線上で今日の仕事をするのではなく、将来の目標に焦点をあて、そのための「今日の仕事」に切り替える必要があります。

三年後のことを今からはじめるのですから、計画が必要になります。計画には柱になる考え方が必要になりますが、それが経営戦略です。

戦略の必要性

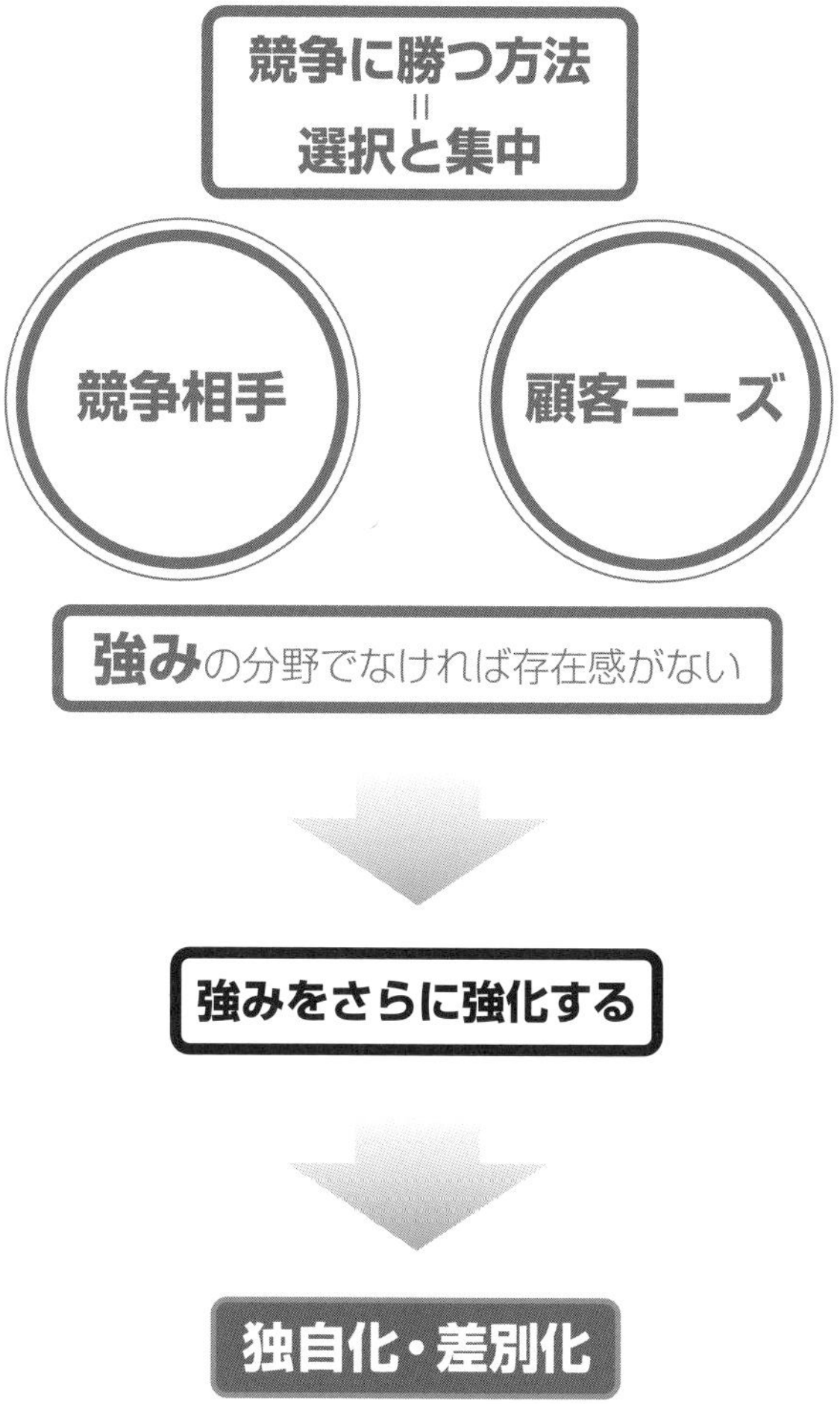
競争に勝つ方法
＝
選択と集中
競争相手
顧客ニーズ
強みの分野でなければ存在感がない
強みをさらに強化する
独自化・差別化

参照
『創造する経営者』（ダイヤモンド社）

戦略が有効であるために

各要素を現実と相互に合致させ、周知徹底させる

戦略の前提の三要素

戦略を有効にする**「三つの要素」**があります。

第一に、顧客の問題解決で収入を得るのが企業ですから、環境認識が現実的でなければなりません。

第二に、顧客の問題解決への貢献がビジネスですから、その貢献する分野を決める必要があります。

第三に、有料での貢献ですから、他社より魅力的な商品や仕組みが必要になります。その元になるのが、自社の強みです。秀でたノウハウが魅力となって付加価値を生むからです。

戦略が有効であるためには、(1)これらの三つがそれぞれに現実合致していること、(2)この三つが相互に合致していること、(3)戦略がパート・アルバイトを含む社員全員に周知徹底されていること、が必要です。

特に(3)は、社外に漏れるからと現場の社員などには教えない企業もあります。漏えいのデメリットより共有のメリットを優先しましょう。

戦略は実行しないと実現できません。目的のわからない仕事に、誰が一生懸命に取り組むでしょうか?

事業目的は環境にしたがう

事業の再定義とは、事業目的を変えることです。経営理念と違い、事業目的は経営環境に合致するよう、環境変化に合わせていくものです。

また、戦略を陳腐化させないための手段として、「世の中の動きを知ること」「市場や非顧客を知ること」「体系的な廃棄」などがあります。これを怠ると企業は弱体化していきます。

戦略が有効であるために

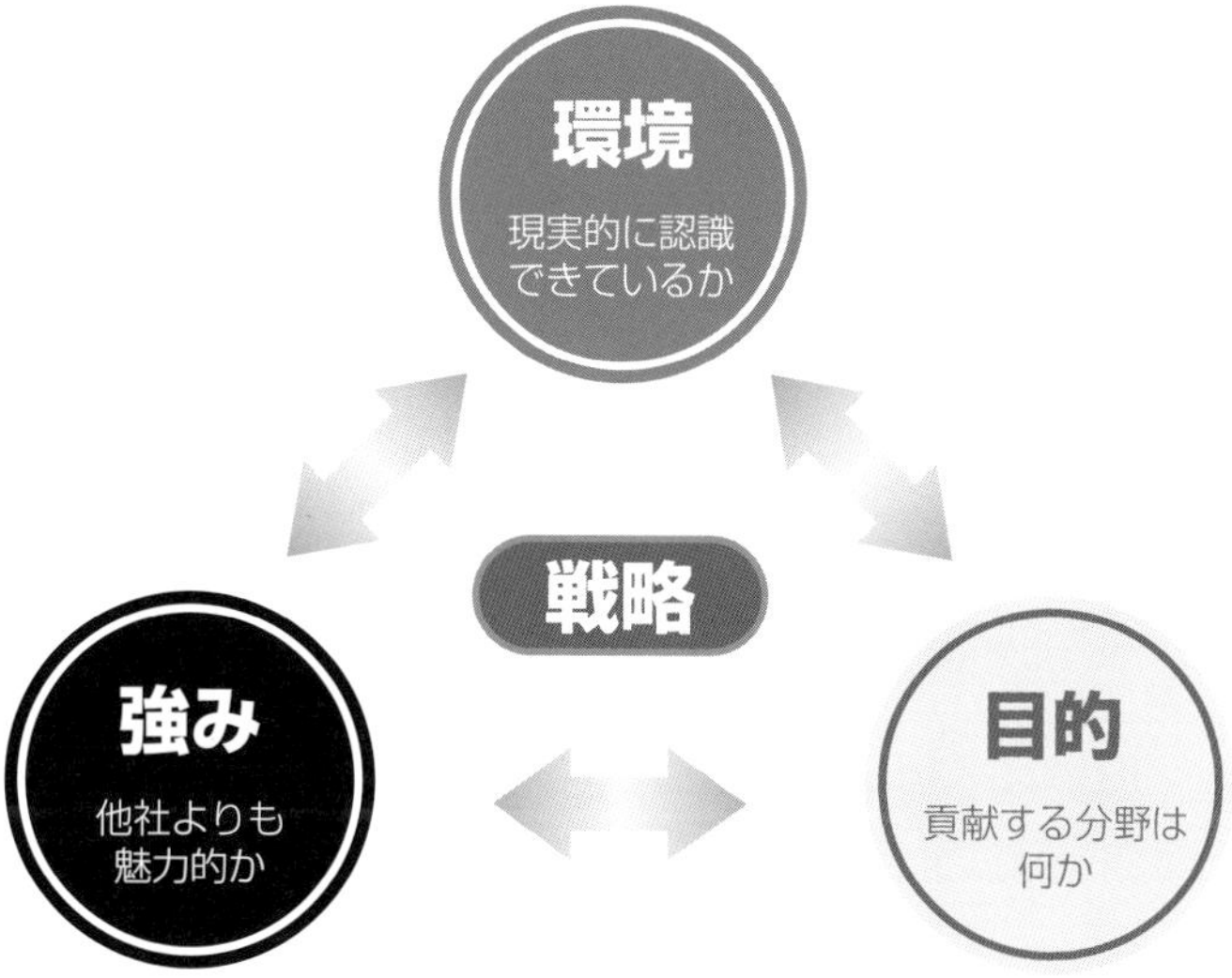
環境
現実的に認識できているか
戦略
強み
他社よりも魅力的か
目的
貢献する分野は何か

それぞれが現実に合致

3つが相互に合致

現場まで周知徹底

参照

『現代の経営』（ダイヤモンド社）、『創造する経営者』（ダイヤモンド社）

独自化・差別化が必要なわけ

他社と同じでは、価格競争に巻き込まれる

わが社のセールスポイント

顧客は、問題解決に対してお金を支払います。その解決が重要なほど、そして、他の解決手段より魅力があるほど、高い金を支払います。

たとえば、砂漠などで持参した水がなくなれば、水を持っている相手の言い値で買うでしょう。命には代えられないからです。

しかし、必需品でなければ、割安感がないとガマンします。

企業の取り扱う商品で、競合のない商品はほとんどありません。つまり、どの商品も比較されたうえで、決定権のある顧客に選ばれています。

選んで頂くためには、商品価値と価格との関係で割安感が必要になってきます。魅力的なノウハウが特徴（セールスポイント）となって、割安感を生み出します。

その魅力的な割安感を創出するのが、「独自化」と「差別化」です。

独自化とは他社にないもの、差別化とは他社より優れたものを持つことです。なお、独自化は差別化の最終形です。

まず、何かで卓越すること

かぎりある経営資源を分散していたのでは、「分散した程度の強み」しか発揮できません。

たとえば、オリンピックの近代五種競技は、一つひとつの競技では、専門競技の選手の記録には及びません。

同じように顧客が望んでいるのは、まとめて少し良いレベルではなく、顧客に必要な一つひとつの卓越性です。なぜならば、顧客は御社一社からすべてを買う必要がないからです。

独自化・差別化が必要なわけ

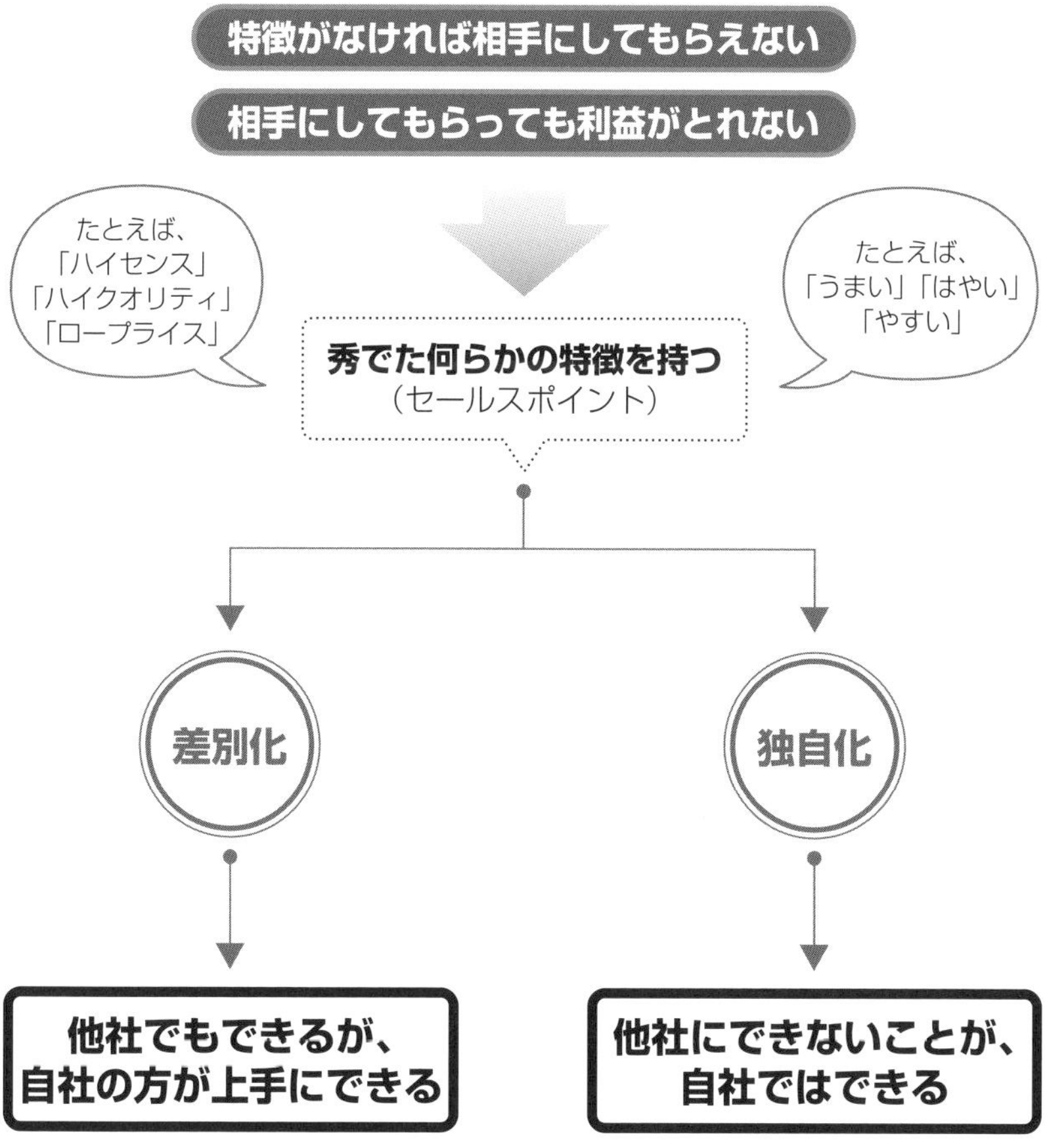
特徴がなければ相手にしてもらえない
相手にしてもらっても利益がとれない
たとえば、
「ハイセンス」
「ハイクオリティ」
「ロープライス」
たとえば、
「うまい」「はやい」
「やすい」
秀でた何らかの特徴を持つ
（セールスポイント）
差別化
独自化
他社でもできるが、
自社の方が上手にできる
他社にできないことが、
自社ではできる

参照
『現代の経営』（ダイヤモンド社）、『創造する経営者』（ダイヤモンド社）

Drucker

事業を分析する

市場・商品・流通ルートの最適化を図る

事業を構成する三要素

事業は、誰に・何を・どのように、の構成要素、「対象市場」「取扱商品」「販売ルート」で決まります。

事業を見直すときには、これにそって分析あるいは知覚していきます。

その際、自社都合（利益・売上・コストなど）から入ると、ほとんど失敗します。「まず、答えありき」の分析になってしまうのです。

ですから、顧客にとっての「効用」「割安感」「事情」「価値観」から分析あるいは知覚するようにしましょう。

そのために、正しい質問から入ります。正しい質問とは、「**顧客は誰か**」「**顧客は何を欲しているか**」「**どこにいるか**」「**どのようにしてたどり着くか**」です。

変革期には状況が変わり、認識が変わりますので、顧客ニーズも変わります。顧客そのものが変わるかもしれません。そうなると、流通ルートも変わってきます。

ですから、事業の根本を問い直す、本質的な質問が必要になるのです。

御社は何屋さん？

◎建物に塗料を塗っている企業は、劣化を防いでいるのか、景観の維持を提供しているのか？

◎酒と肴を提供している店は、コミュニケーションの場を提供しているのか、酔い心地を提供しているのか？

◎素材を提供している企業は、コストの低減を提供しているのか、高付加価値を提供しているのか？

このように、当たり前と思っていたことを定義し直してみると、まったく違う世界が見えてきます。

事業を分析する

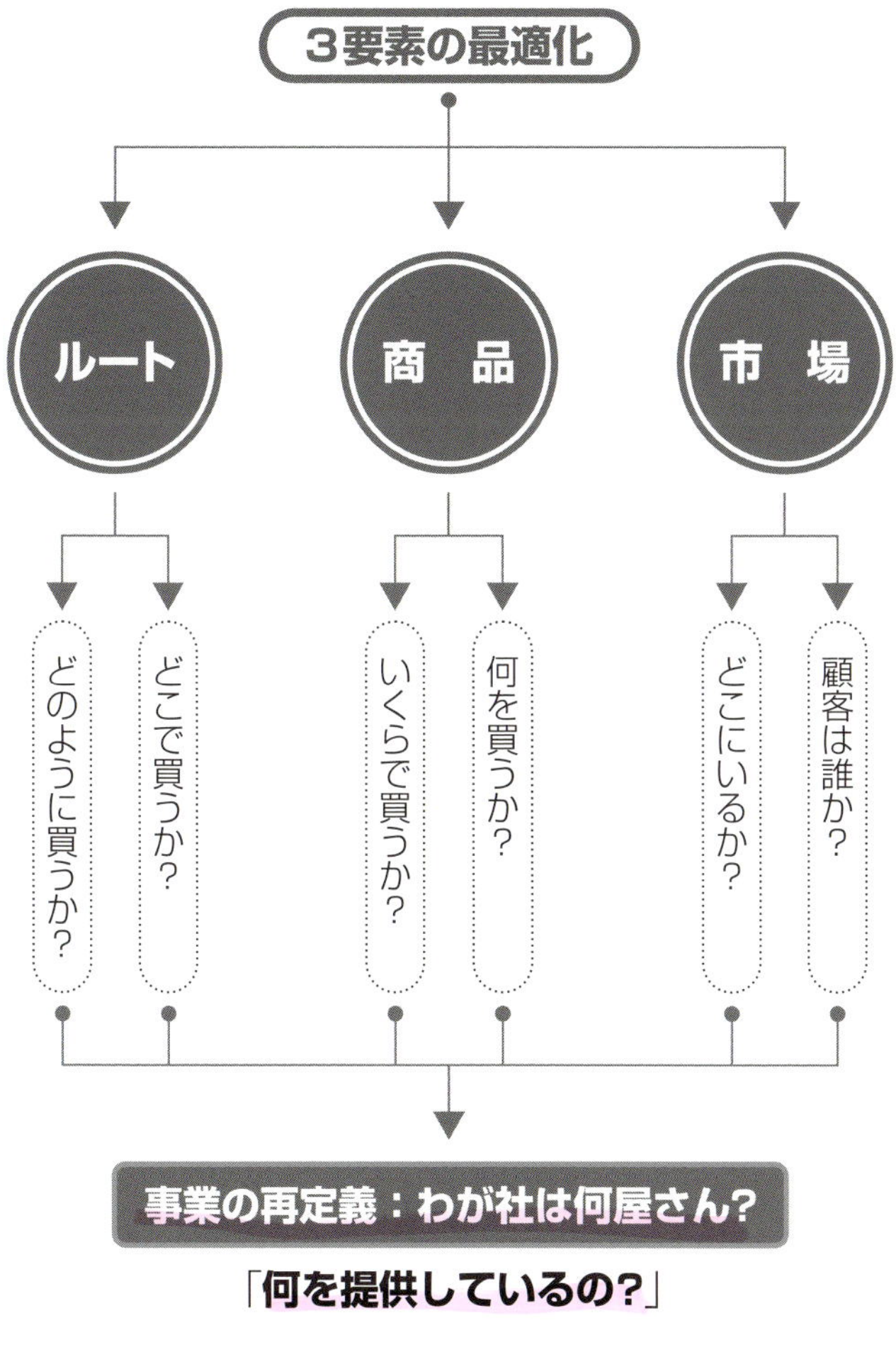
3要素の最適化
ルート
商　品
市　場
どのように買うか？
どこで買うか？
いくらで買うか？
何を買うか？
どこにいるか？
顧客は誰か？
事業の再定義：わが社は何屋さん？
「何を提供しているの？」

参照
『現代の経営』（ダイヤモンド社）、『創造する経営者』（ダイヤモンド社）

チャンスを発見する視点

弱み・アンバランス・脅威がチャンスである

マイナス要因はビジネスチャンス

たとえば、リピーターや紹介が少ない企業は、アフターサービスが弱い企業です。新規顧客の獲得が強くても、ザルのような管理状態ですから、業績はいつまで経っても安定しません。この弱みの改善は、当然、ビジネスチャンスになります。

利益とコストのバランスがとれている企業はほとんどありません。利益は強みに比例し、コストは活動に比例するからです。利益とコストのバランスをとると、強靭な経営体質に改善できます。

歴史のある企業、古くからのお得意様が多い企業は、**「利益」と「コスト」の視点から、得意先ごとの収支を分析してみてください。**

脅威は、顧客にとっても「困った」の発生です。これは、顧客の問題解決を支援する企業にとって、ビジネスチャンス以外の何ものでもありません。

一度、脅威と思ってしまうと、チャンスとして活かそうとする思考が止まります。環境は、すべてチャンスとして検討しましょう。

プラス志向を貫こう

そもそも、企業は「顧客の問題解決」を支援する存在です。不況だからといって、顧客と一緒に困っているようでは、存在価値がありません。

社内の「弱み」や「アンバランス」も「改善の余地」ととらえて、その「強み化」に取り組んでください。

また、環境の「脅威」は、対応することでビッグチャンスになると信じて、対応策の商品化にチャレンジしてみましょう。

チャンスを発見する視点

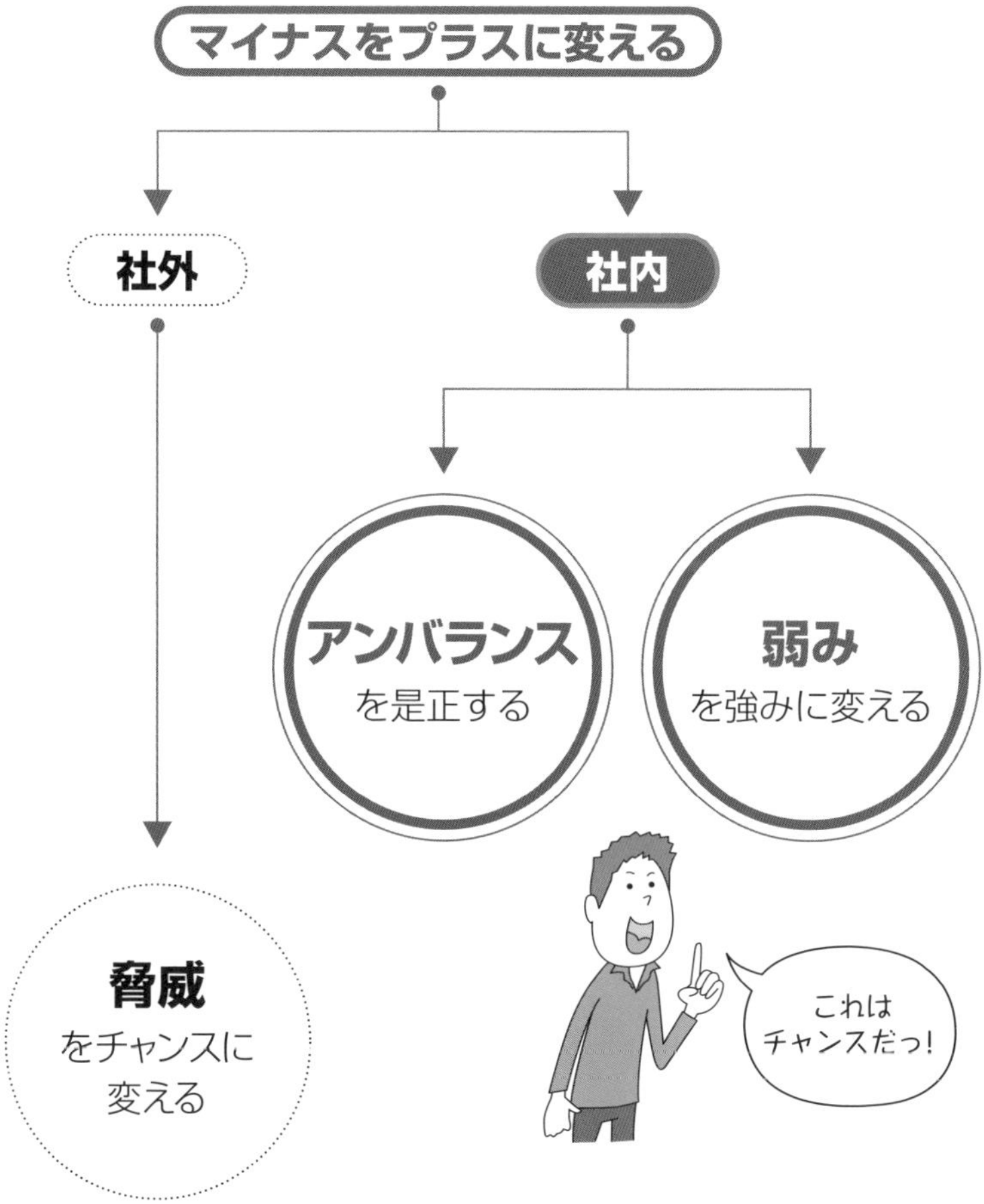
マイナスをプラスに変える
社外
社内
アンバランス
を是正する
弱み
を強みに変える
脅威
をチャンスに
変える
これは
チャンスだっ!

参照

『創造する経営者』(ダイヤモンド社)

強みにもとづく経営

強みをさらに強くしないと勝てない

人材と資金は強い分野に投入

不透明で、何をすればよいのかわからない経営環境下だからこそ、「**あるべき姿**」を決めることです。航海にたとえれば、目的地を決めることです。

そうすれば、嵐にあって迂回して数日遅れたとしても、目的地に到着することはできます。

また、努力は「コスト」にすぎません。同じコストであれば、成果の大きい方に努力を集中すべきです。成果が大きいのは、苦手なことではなく得意なこと、脅威ではなくチャンスに取り組んだときです。

ビジネスは修行でも苦行でもありません。顧客への貢献であり、その見返りとして価値に見合った利益を得ることであり、その適性な分配なのです。

こう考えると、どの企業でも不足している優秀な人材と資金を、どのような目的で、どの事業の、どの部門に配置すべきかが明らかになってきます。

さらに利益を得るために

「あるべき姿を描く」とは、経営方針を打ち出し、それを実現するための経営戦略を作成し、計画に落とし込むことです。

コスト率は、強みをチャンスにぶつけたときに飛躍的に改善します。

そして、経営資源の最大活用とは、優秀な人材と資金を、選択した事業に集中的に投入したときです。

たとえば、米国の優良企業のGEは、ジャック・ウェルチ社長のときに、市場シェア第一位か第二位の事業に絞り込み、世界の超優良企業に変身しました。

強みにもとづく経営

あるべき姿

それに必要なもの
～ヒト・モノ・カネ・時間～

強みに**集中的**に投入する

参照

『創造する経営者』（ダイヤモンド社）

顧客の問題解決が商品

事業は、顧客の問題解決への貢献である

商品＝モノではない

企業は、「顧客の特定分野の問題解決の手段を、有料で提供しているからこそ、顧客を起点に事業を組み立てなければならない」と既述しました。

ですから、**「商品＝モノ」ではなく、「商品＝問題解決」なのです。**

たとえば、ネット販売のアマゾンは、ネットでの「販売システムそのもの」が商品です。一つひとつの商品には何の特徴もありません。

ところが、日常生活に必要なものは何でもある「品揃え」と、それを顧客の視点に立って「陳列」している見やすさ、ワンクリックで決済できる「買いやすさ」。さらには、かゆい所に手が届くような「情報提供力」で他を圧倒しています。

御社の魅力は何か？

物理的な「機能」（何ができるか）だけが商品ではありません。

「価格」（どれだけ安くできるか）が最優先されることがあります。

「品質」（どのレベルでできるか）が商品になることもあります。

顧客によっては、「納期」（どれくらい速くできるか）の方を優先することもあります。

あるいは、規格外のものを欲する人や企業にとっては、「柔軟な対応」（どれだけオーダーに応えてくれるか）だけが選択基準になることもあるでしょう。

さらには、人的な信頼関係や最適な使用状況を保ってくれる「サービス」を買っている顧客もいます。

ブランドであればよいという人もいます。

顧客の問題解決が商品

顧客の問題領域
機能……どのような問題を解決するのか？
品質……どのレベルで解決するのか？
価格……いくらで解決するのか？
時間・納期…いつ・どのくらい速く解決するのか？
個別対応性…どこまで要望を聞き入れてくれるのか？
サービス…付帯サービスには何があるのか？
数量……購入単位はどのくらいか？
ブランド…どの程度信じていいのか？
「どれ」と「どれ」で、独自化・差別化を図るか？

参照

『現代の経営』（ダイヤモンド社）、『創造する経営者』（ダイヤモンド社）

チャンスの分類

事業を伸ばすのは改善・付加・革新である

三つのチャンス

不完全な人間が、不完全な仕組みを作り、不完全な運営をしているのですから、チャンスはかならずあります。

【改善的なチャンス】：社内のすべての業務に改善の余地があり、その改善が利益に直結しています。

【付加価値的なチャンス】：現在の商品に付加価値をつけ、別の商品にします。たとえば、八百屋が総菜を作って売るのもそのひとつです。

【革新的なチャンス】：不況に向かう今日の経営環境では、これまでのやり方が通用しません。

と言うことは、自社を根底から見直すチャンスでもあるのです。そうしなければ、存続がむずかしくなり、反対に、それができれば次の不況期まで存続することが可能になります。

基本プレーの徹底からはじめる

筆者がコンサルティングする場合、業績の悪い企業では、「改善」だけでも、短期間で回復します。**すべての分野に「ムリ・ムラ・ムダ」があふれている**からです。

業績の良い企業では、「基本プレーの再確認」と「付加価値的なチャンス」を探します。自社の強みや仕組みを活かし切っていない企業が多いからです。

以上は、短期的な視点です。これで、だいたい業績の回復または伸長の兆しが見えてきます。そうすることで、依頼企業との信頼関係が築けます。

それから、進捗状況をチェックしながら、じっくり腰を据えて、中長期的な視点で「革新的なチャンス」を探すのです。

チャンスの分類

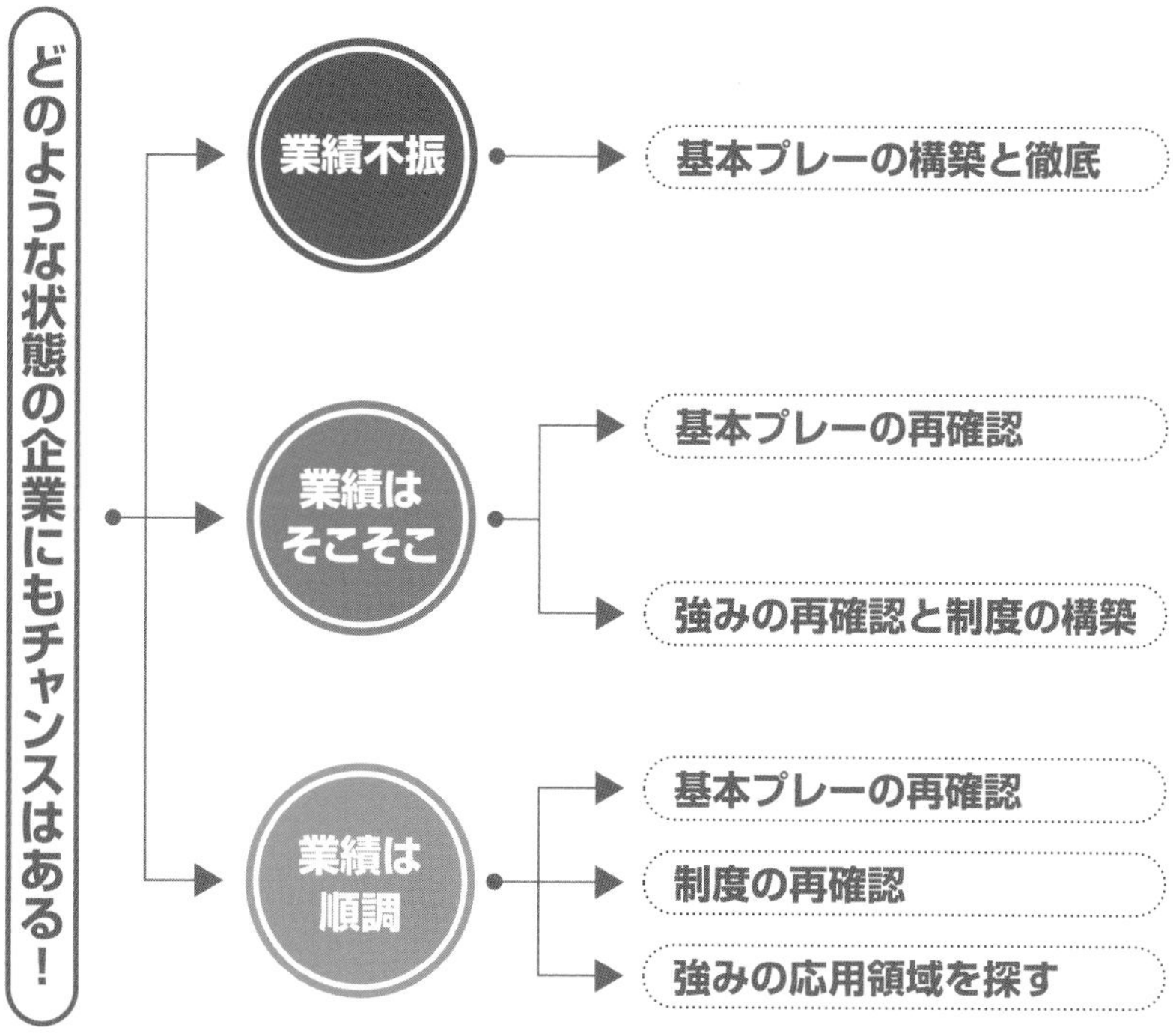
どのような状態の企業にもチャンスはある！
業績不振
基本プレーの構築と徹底
業績はそこそこ
基本プレーの再確認
強みの再確認と制度の構築
業績は順調
基本プレーの再確認
制度の再確認
強みの応用領域を探す

参照
『現代の経営』（ダイヤモンド社）、『創造する経営者』（ダイヤモンド社）

4つのリスク

リスクを理解すると、リスクがリスクでなくなる

事業にリスクはつきものである

ビジネスは、将来のことに対して、今、準備をして取り組むものです。

また、世の中には絶対というものはありません。仮に、作ったときには完璧であったとしても、時間の経過とともに状況が変化していきます。それもリスクです。

【負うべきリスク】：運送業の交通事故、農業での自然災害、病院での医療事故など、その事業をやっている以上、発生の可能性をゼロにすることはできません。

【負えるリスク】：失敗してもカバーできる範囲内のリスクです。

【負えないリスク】：このリスクには二通りあり、一つは、自社の能力以上のことをしようとするリスクです。

もう一つは、成功を活かせないリスクです。たとえば、新商品を開発しても販路開拓の費用がなければ、その開発は浪費になります。

【リスクを負わないリスク】：これまでの経営環境と違うにもかかわらず、無難を求め、これまでのやり方を変えようとしません。変革期にはこれが最大のリスクです。

リスクを書き出してみよう

事業で怖いのは、「知らない」「わかっていない」リスクです。リスクとわかっていれば危険はありません。しかし、知らなければ避けようがないし、身構えようがありません。

そこで、既述した四つのリスクに、どのようなものがあるか書き出してみましょう。そして、それぞれの予防策、発生したときの対処法や、リスクの大きさを数値化しておきましょう。

4つのリスク

負うべきリスク

事業上の事故・災害など、
その事業をやっている以上
発生の可能性をゼロにする
ことはできないリスク

負えるリスク

失敗してもカバー可能な範囲のリスク

大丈夫!

負えないリスク

・自社の能力以上のことを
　しようとするリスク
・成功を活かせないリスク

成功してもどうするんだョ…
お～い…

リスクを負わないリスク

無難を追い求めるリスク

今のまま
何もしない
現状維持

参照

『現代の経営』（ダイヤモンド社）

成長の方向性

成長は、市場と商品の組み合わせで決まる

成長の四つの方向

企業の成長は、市場と商品の組み合わせで考えると便利です。

（1）市場浸透＝現在の市場・現在の商品

（2）市場開拓＝新市場・現在の商品

（3）商品開発＝現在の市場・新商品

（4）多角化＝新市場・新商品

この組み合わせで成長を図るわけですが、経営資源の乏しい企業ではすべてを手掛けることはできません。まず、どれか一つに集中して取り組んでみましょう。

また、「専門化」と「多角化」という分け方もできます。専門化とは、その市場・その技術のある一部分に特化することです。

一方の多角化とは、新市場に新商品（技術）で参入することです。

この場合も、基本になるのが現在の核となる市場・技術からの派生でなければうまくいきません。

さらには、「統合」と「分割」の分け方もあります。統合すればコストの重複がなくなります。反対に、分割すれば収益が明確になります。

強みを活かせる分野はどこか？

筆者がコンサルティングに入るときは、（1）**の市場浸透戦略を勧めます。もっともコストがかからないうえに、即効性があるからです。**それに、やるべきことを十分にやっている企業は、めったにありません。

また、多角化には反対します。他の市場はよく見えるものですが、中に入ってみると、どこの市場にも厳しい競争が待っています。詳しい市場で勝負するのがベストです。

また、規模拡大を求めなければ、ニッチ（すき間）戦略を勧めます。

成長の方向性

専門特化
ニッチ戦略
市場
現在
新
商品
現在
新
(1)市場浸透
(2)市場開拓
(3)商品開発
(4)多角化

参照
『現代の経営』(ダイヤモンド社)、『創造する経営者』(ダイヤモンド社)

育成か、併せるか

企業を成長させるには、2つの方法がある

育成するか、時間を買うか

たとえば、経理などではじめからパソコンを使うと、操作は覚えますが、仕組みがわかっていないため、経理の専門家にはなれません。

事業も同じで、その事業に精通しようとすれば、ゼロから築いていくのが一番です。

しかし、市場は、ニーズの変化、商品開発や価格の引き下げのスピードを、自社の都合に合わせてくれません。

そこで、「**時間を買う**」**ことも必要です。その代表例がM&Aです。**

現在のように経営環境が厳しいなかでは、割安の売り物がたくさん出てきます。

特に、製造業などでは、職人の技術は良くても、経営のまずさで苦しんでいる企業が多く、人材と設備が格安で手に入る可能性が大きいようです。

ただし、M&Aは買うことが目的ではなく、活用することが目的ですから、運営ノウハウがないと、買った事業がお荷物になってしまいます。

合併も有効な手段

規模拡大のスピードをあげる方法としてもう一つ、自社だけのノウハウ・経営資源で競争優位に立てなければ、合併も有効な手段です。

たとえば、絶対的な仕入量がパワーとなる量販店では、勝ち残りをかけた再編が起こっています。

しかし、補完関係・相乗効果・運営力のない合併は、膨張になります。

常に、育成のスピードを上げることも考えましょう。それが、マニュアル化（やるべきことの標準化）で、組織的な能力アップに最適です。

育成か、併せるか

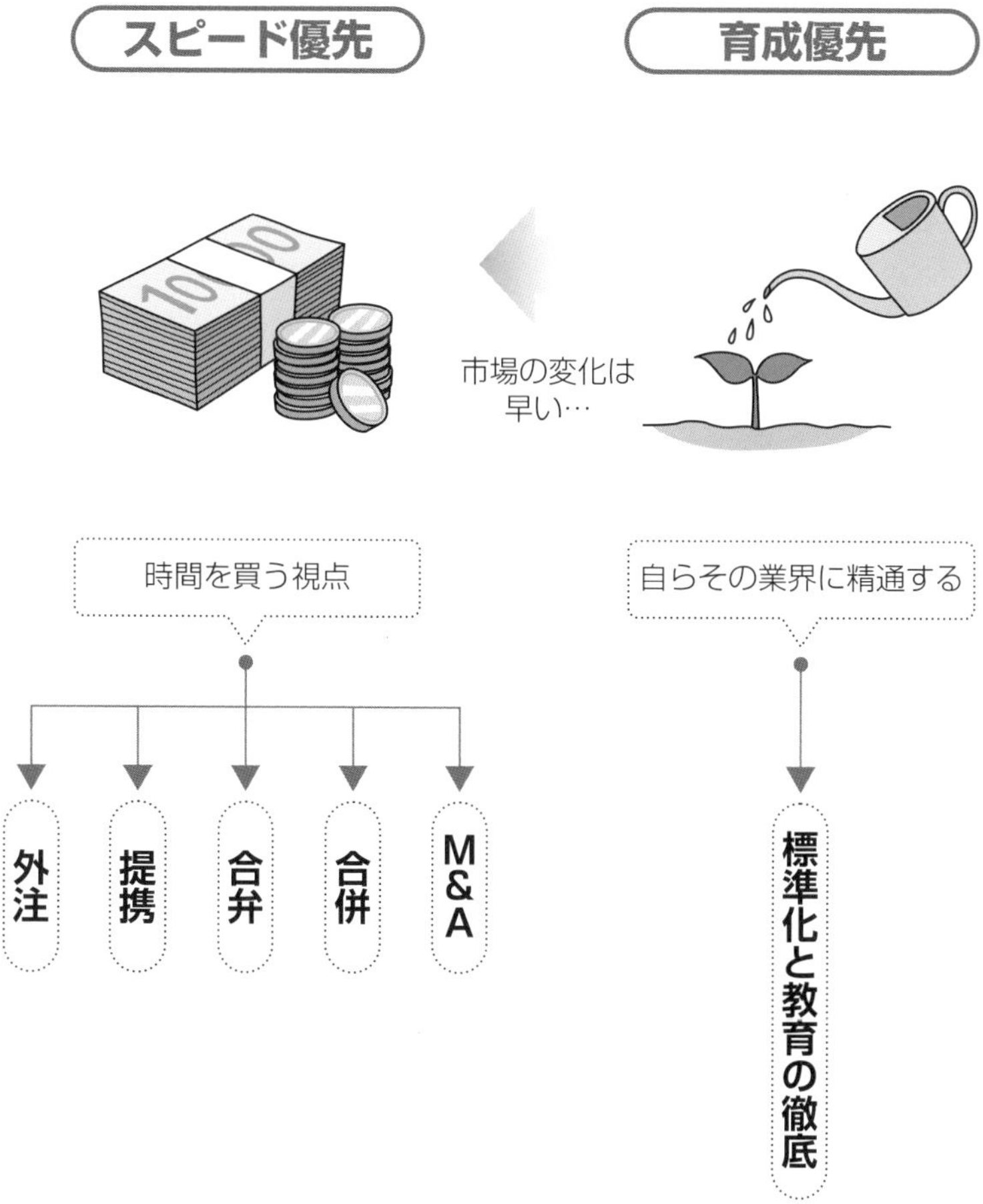
スピード優先
育成優先
市場の変化は
早い…
時間を買う視点
外注
提携
合弁
合併
M&A
自らその業界に精通する
標準化と教育の徹底

参照

『創造する経営者』(ダイヤモンド社)

ドラッカーのいう「大罪」とは?

利益だけを追求すると、陥りやすい過ちがある

内向きの発想は罪

ドラッカーが「**大罪**」と表現しているものがあります。

【利益幅への過信】:利益は、粗利益率×回転率です。いくら粗利益が高くても、売れなければ不良在庫にすぎません。

【限度いっぱいの価格設定】:限度いっぱいの価格設定は、競合他社への誘い水です。利幅があって顧客が不満を持っていれば、新規参入者には、これほど好都合の市場はありません。

【コスト中心の価格設定】:コストがいくらかかっても、顧客には一切関係ありません。顧客の関心は割安感です。ですから、コスト中心の価格設定は通用しません。

【チャンスの無視と軽視】:チャンスの無視と軽視は、現在うまくいっている企業でも陥りやすいものです。

たとえば、ライオンなどの肉食獣は、満腹だと狩りをしません。現在、うまくいっているからといって、次の準備をしないのは、ライオン並みの経営です。

人間は、飢えていないときに、栽培や養殖・牧畜など、次の食事の準備をするから動物と違うのです。

企業の外部から考える習慣を

顧客志向や競合他社の存在を意識すれば、こうした過ちを犯す危険性は少なくなってきます。

つまり、企業の外に目を向けるのです。そうすれば、近視的・独善的な思考が、いかに危険か見えてきます。

この他にも、内向きの発想から、「油断」「中途半端」も出てきます。いずれも危険な兆しです。

ドラッカーのいう「大罪」

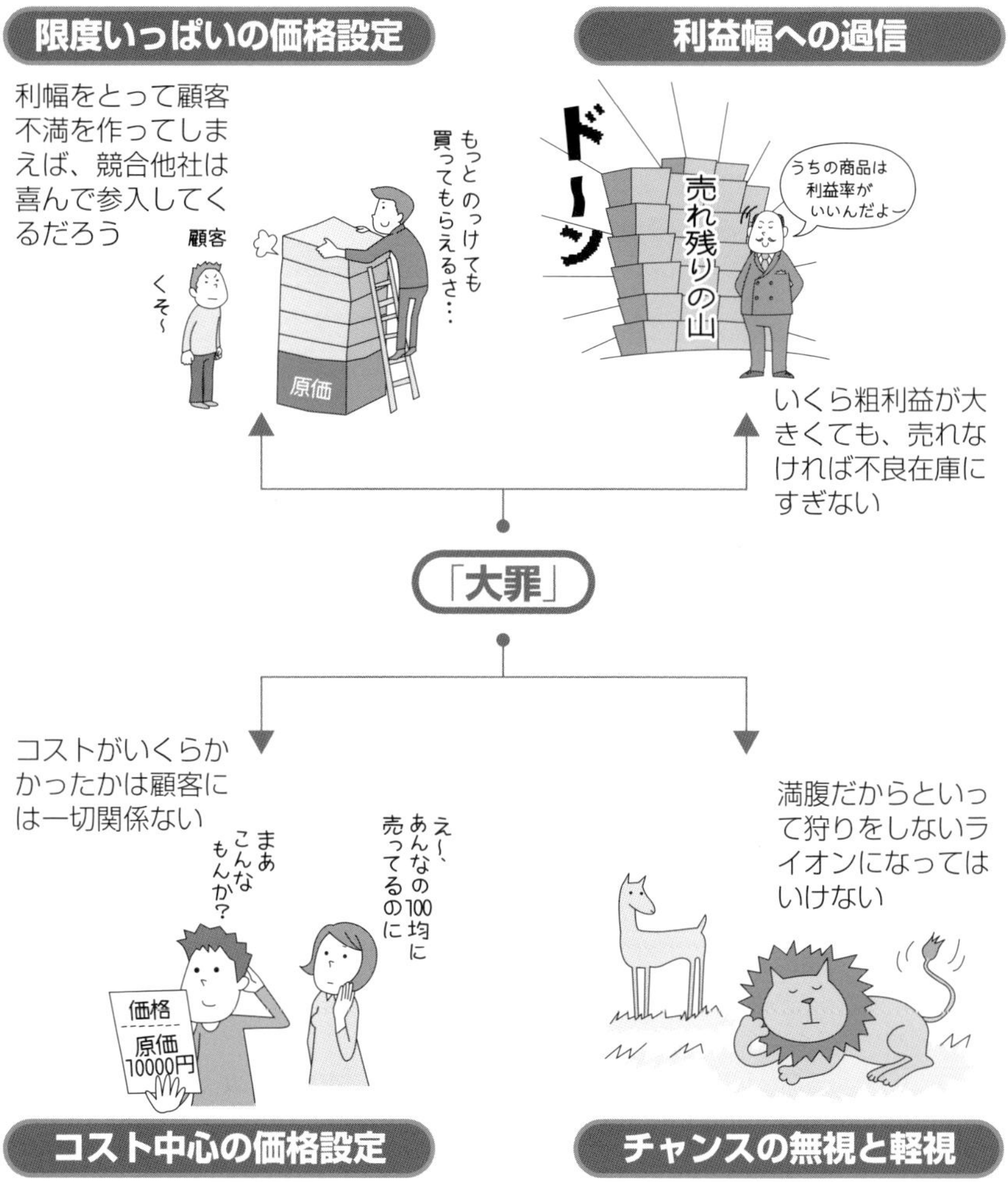
限度いっぱいの価格設定
利幅をとって顧客不満を作ってしまえば、競合他社は喜んで参入してくるだろう
顧客
くそ〜
もっとのっけても
買ってもらえるさ…
原価
利益幅への過信
ドーン
売れ残りの山
うちの商品は利益率がいいんだよー
いくら粗利益が大きくても、売れなければ不良在庫にすぎない
「大罪」
コストがいくらかかったかは顧客には一切関係ない
まあ
こんな
もんか？
え〜、
あんなの100均に
売ってるのに
価格
原価10000円
満腹だからといって狩りをしないライオンになってはいけない
コスト中心の価格設定
チャンスの無視と軽視

参照

『未来への決断』（ダイヤモンド社）

コスト管理の5原則

予想以上にコスト率を改善できる方法がある

コスト率の改善もルールにそって

コスト率の改善は、どの企業にとっても永遠のテーマです。それほど重要な課題ですが、経験と勘だけでコスト率の改善に取り組んでいる企業が大半を占めています。コスト管理にも科学の視点を入れましょう。

【大きなコストに集中する】：一億円の一〇％コスト削減も、一千万円の一〇％コスト削減も、そのむずかしさには変わりありません。同じ努力をするなら、成果の大きい方に取り組む方が効率的です。

【種類に分けて管理する】：原材料でも事務用品でも、在庫管理は種類に分けて管理しています。コスト管理も同様に、種類に分けて管理しなければうまくいきません。

【企業全体で考える】：自部門の仕事を他部門に押しつけてコスト率を改善しても、会社全体のコスト率が下がるわけではありません。部分最適は避けることです。

【流通全体で考える】：最終購入者が支払う価格に、すべての流通にかかわるコストが含まれています。

ほんとうのコスト率の改善とは、各段階の企業が適性利益を確保しつつ、最終購入者の価格を引き下げることを目的とします。

【不要不急の活動をやめる】：不要なコストの一部削減には、ほとんど意味がありません。

ですから、「あると便利な資料づくり」などはやめ、「やらないといけない業務」に集中しましょう。

コストは「率」で考える

仕事環境がどんどん変わっています。どこの企業でも、人員はギリギリまで減らされていると思います。

コスト管理の5原則

大きなコストに集中
同じむずかしさなら成果の大きいほうに取り組むほうが効率的
集中
成果
成果
種類に分けて管理
原材料でも事務用品でも、在庫は種類に分けて管理されている
A
A'
B
企業全体で考える
自部門だけコストが下がっても意味が無い。部分最適の考え方は捨てる
コスト削減
バンザーイ
コスト
A部
B部
流通全体で考える
コスト率改善のほんとうの目的は、各流通段階の企業が適性利益を確保しつつ、最終購入者の価格を引き下げることである
全体最適
不要不急の活動をやめる
「あると便利な資料づくり」ではなく、「やらないといけない業務」に集中する
まずはやるべきことを
コスト額ではなく、コスト率で考える

参照
『創造する経営者』（ダイヤモンド社）

そこで、このコスト率改善の五原則にしたがって、組織や業務を見直してみましょう。

まだまだ、昔ながらの業務フローを、習慣的に行っている企業も多いようですから、見違えるような筋肉質（ムリ・ムラ・ムダの排除）の体形に変身できます。そうすれば、価格競争力も出てきます。

その際、コストは「額」ではなく、「率」で考える習慣を身につけてください。それが投資の発想にもつながってきます。

さらに、「コストの一律一〇%削減キャンペーン」などの、戦略を無視した「馬鹿げた発想」を防ぐことができるようになります。

Drucker

コストの分類

コストを分類すると、その意味がわかってくる

活動からとらえるコスト

コストを分類する場合、財務面から見た分類がほとんどですが、帳簿に表れないコストもたくさんあります。そこで、ここでは**活動面からのコスト分類**をしてみましょう。

【生産的コスト】：売上げや利益を生み出す生産・販促・開発費・資金・営業などのコストです。

【補助的コスト】：直接的に価値を生み出すわけではないのですが、企業を運営する以上、不可欠なコストです。これには、運送・受注事務・品質検査・人事・経理などのコストが入ります。

【監視的コスト】：悪いことが起こらないようにする、警備員・取引先の信用調査・定期的な市場調査などのコストです。

【浪費コスト】：顧客にも自社にも貢献しないコストです。企業とともに成長しない役員や社員・倉庫に長期間眠っている在庫・手間暇がかかる割に赤字の取引先などです。

コスト分析の視点

生産的コストは、コスト管理ではなく、成果（コスト率）管理、つまり、効果・効率によって評価しなければなりません。

補助的コストについては、この業務をやめたら、「会社がまわらないか」「損失が出るか」を基準にしなければなりません。

監視的コストは、「監視にかかるコスト」と「監視なしのリスク」を比較します。

浪費コストは、利益の出ない商品や顧客、部下の足を引っ張る上司を排除することなどで解消します。

コストの分類

企業活動から見たコスト

	内容	分析の視点
生産的コスト 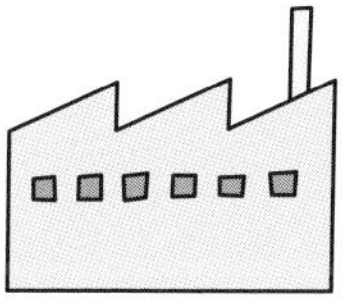	売上を生み出す生産・販促・開発費・資金・営業など	成果管理、つまり、効果・効率によって評価する
補助的コスト 	直接的に価値を生み出すわけではないが、企業を運営する以上必要になるコスト	この業務をやめたら「会社がまわらないか」「損失がでるか」を基準にする
監視的コスト 	警備員・取引先の信用調査、定期的な市場調査など	「監視にかかるコスト」と「監視しないリスク」を比較する
浪費コスト 	顧客にも自社にも貢献しないコスト	利益の出ない商品や、顧客、部下の足を引っ張る上司を排除する

参照

『創造する経営者』（ダイヤモンド社）

Drucker

第 4 章

戦略 II

戦略のタイプ

総力戦略

業界のトップに立つことをねらう

大きいことは良いことだ！

第4章では戦略の種類について解説します。

総力戦略は、ナンバーワンになるための戦略です。業界トップに立つことは悪いことではありません。

マスコミでも露出が多くなりますし、業界情報なども入りやすくなります。注目度はマラソン競技のトップを走っているようなもので、抜群のものがあります。商品でもトップになると、コンビニでももっとも良い場所に陳列してもらえます。

しかし、目立つ良い場所には誰もが立ちたくなります。トップに立とうとするチャレンジャーが、かならず現れてきます。

また、業界トップはフルラインの品揃えを期待されます。期待に応えられなければ、その穴に対し一点突破をねらう専門業者に市場をとられてしまいます。

チャレンジャーには全面戦争を、専門業者にはゲリラ戦争を仕掛けられてきますので、よほどの体力と気力がないと、その地位を維持することはできません。

大企業こそ、外部に目を向けて

トップを維持するためには、トップに押し上げた成功体験を捨てる覚悟で、徹底した事業の分析と思考が必要になります。

多くの場合、トップ陥落の原因は成功体験にしがみついた結果です。聖域や例外を作らないことを前提とした対応が必要になります。

それでも、攻める企業は自社の自由な意思で仕掛けてきますので、トップ企業は、市場の情報収集が欠かせません。

総力戦略

参照

『イノベーションと企業家精神』(ダイヤモンド社)、『チェンジ・リーダーの条件』(ダイヤモンド社)

Drucker

柔道戦略

他社の力を利用して、商品開発や市場開拓をする

弱者の戦略

「柔よく剛を制す」が柔道の基本ですが、柔道戦略も他社の力を利用して行うものです。

強い企業や先行する企業が予期しない成功をしたのに、当事者はその成功に対応しようとしていない状況がビッグチャンスです。

たとえば、ベル研究所が開発したトランジスターを放置したのに対して、ソニーは、それをタダ同然で買ってトランジスターラジオを開発し、躍進しました。

また、社会にあふれている商品の多くは、合法的なコピー商品と思って間違いありません。

たとえば、書籍などがその好例です。「国家の品格」が出ますと、その後は「○○の品格」のオンパレードです。

出版業界にかぎらず、ファッション業界や自動車業界など、すべての業界にあてはまります。

徹底的にパクる・便乗する

この戦略は、成功の後追いですから、リスクはほとんどありません。**販売力のある会社や、開発力の弱い中小企業には最適の戦略**です。

この柔道戦略は、「持てる者の、持てない者への助け舟」と割り切りましょう。

ただし、一社で取り組むより、複数の企業で取り組んだ方が認知力が上がりますので、マネされる企業にもメリットがあります。

多くからマネされるということは、その商品の基準になる可能性が高いことでもあるのです。

柔道戦略

柔よく剛を制す

力がない者は他者の力を利用して勝つ！

強い企業や先行する企業が予期しない成功をしたのに、
当事者はその成功に対応しようとしていない状況がビッグチャンス！

参照

『イノベーションと企業家精神』（ダイヤモンド社）、『チェンジ・リーダーの条件』（ダイヤモンド社）

Drucker

創造的模倣戦略

他社の事業を工夫して、競争優位の事業を創る

他社の商品は改善の宝庫

「創造力はないが、改善力には自信がある企業」あるいは「顧客ニーズを反映させるのが上手な企業」にお勧めの戦略です。

どの新商品でも、産声（うぶごえ）をあげたときには、顧客の評価を受けていないので、改善の余地は山ほどあります。

そのような商品に、改善を加えて原型以上の商品にしてしまうのが、この戦略です。

余談ですが、本を書く人で販促活動をしない人はまだまだいるそうです。本ができあがると、それで満足するのでしょうね。それは、創造力のある人の特徴なのかもしれません。

同じような傾向が、開発型の企業や町の発明家にも見られます。技術はわかるが商品化できない。商品化できても販売できない。先に例示したトランジスターなどはその典型でしょう。

このように、世の中には、特許を取っただけで使われていない技術は山ほど眠っています。そのようなものは格安で手に入るでしょう。

目的意識を持って探す

ゼロから何かを創るのは大変むずかしいものですが、用途がわかれば、それほど優秀ではない人にも造れてしまうのが技術です。それで文明は発展してきました。

他社の特許を活用したり、組み合わせたりすると、労せずしておいしい成果を得ることができます。

この戦略に必要なのは、「市場の観察」「ネット検索」「弁理士の依頼料」と、少しの「創意工夫」です。

創造的模倣戦略

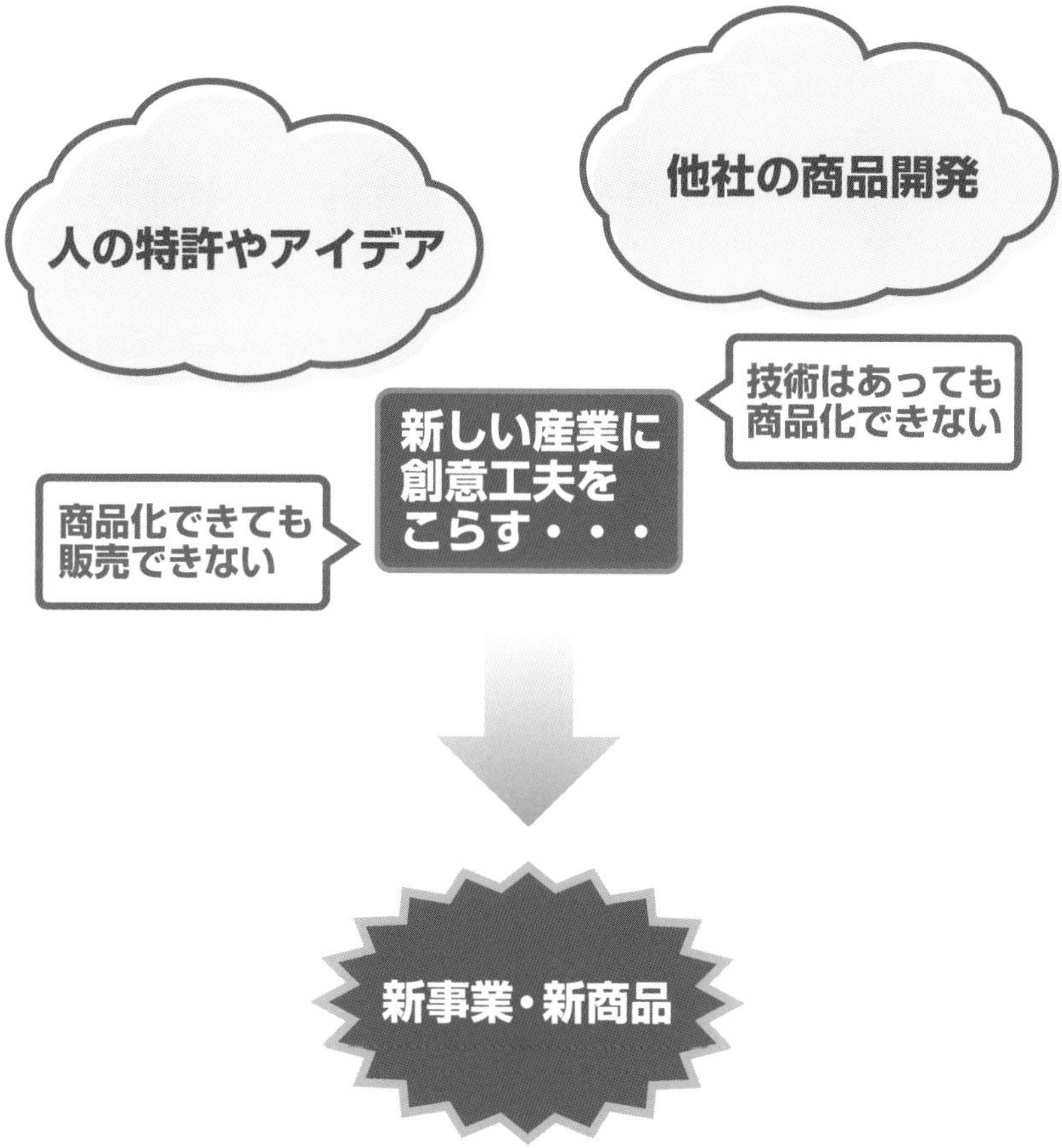
人の特許やアイデア
他社の商品開発
技術はあっても
商品化できない
新しい産業に
創意工夫を
こらす・・・
商品化できても
販売できない
新事業・新商品

参照
『イノベーションと企業家精神』（ダイヤモンド社）、『チェンジ・リーダーの条件』（ダイヤモンド社）

小規模市場戦略

小さな池の大きな魚になる

中小・中堅はニッチ戦略がベスト

これは、「ニッチ戦略」の際、最初に浮かんでくる「小規模市場」で、ナンバーワンになる戦略です。

総力戦略と同じ仕組みなのですが、違いは、**市場が小さいために大企業が入ってこないことです。**

市場を細分化していくと、いくらでも専門特化できます。たとえば、糸だけ売っている店もあれば、ハンカチだけ、赤飯だけの店もあります。

さすがに、これだけ小さくなれば、大手はもちろんのこと、中堅・中企業でさえも参入してこないでしょう。

クジラとメダカでは、生存環境がまったく違います。大きくしたい望みを捨て、範囲の経営に徹すれば、規模を追う経営とは違った「うまみのあるビジネス」が展開できます。

効率よりも効果を追求する

なお、ここで言う「小さい」とは、あくまでも相対的な規模であり、定義づけできるような絶対的な規模ではありません。

たとえば、先にあげた赤飯屋は、年商では、せいぜい二千万円程度でしょう。しかし、まぎれもなく地域一番店です。

あるいは、紙おむつなどの裁断機の刃で、国内シェア七〇%を占めている二十数億円の企業があります。

また、コンビニなどに並んでいる紙パック飲料の充填《じゅうてん》を専門にやっている企業も、三〇〇億円の売上げがあります。

効率を追う大手企業に対し、中小企業が強みを発揮できるのは、効果を優先する相対的に小さな市場です。

小規模市場戦略

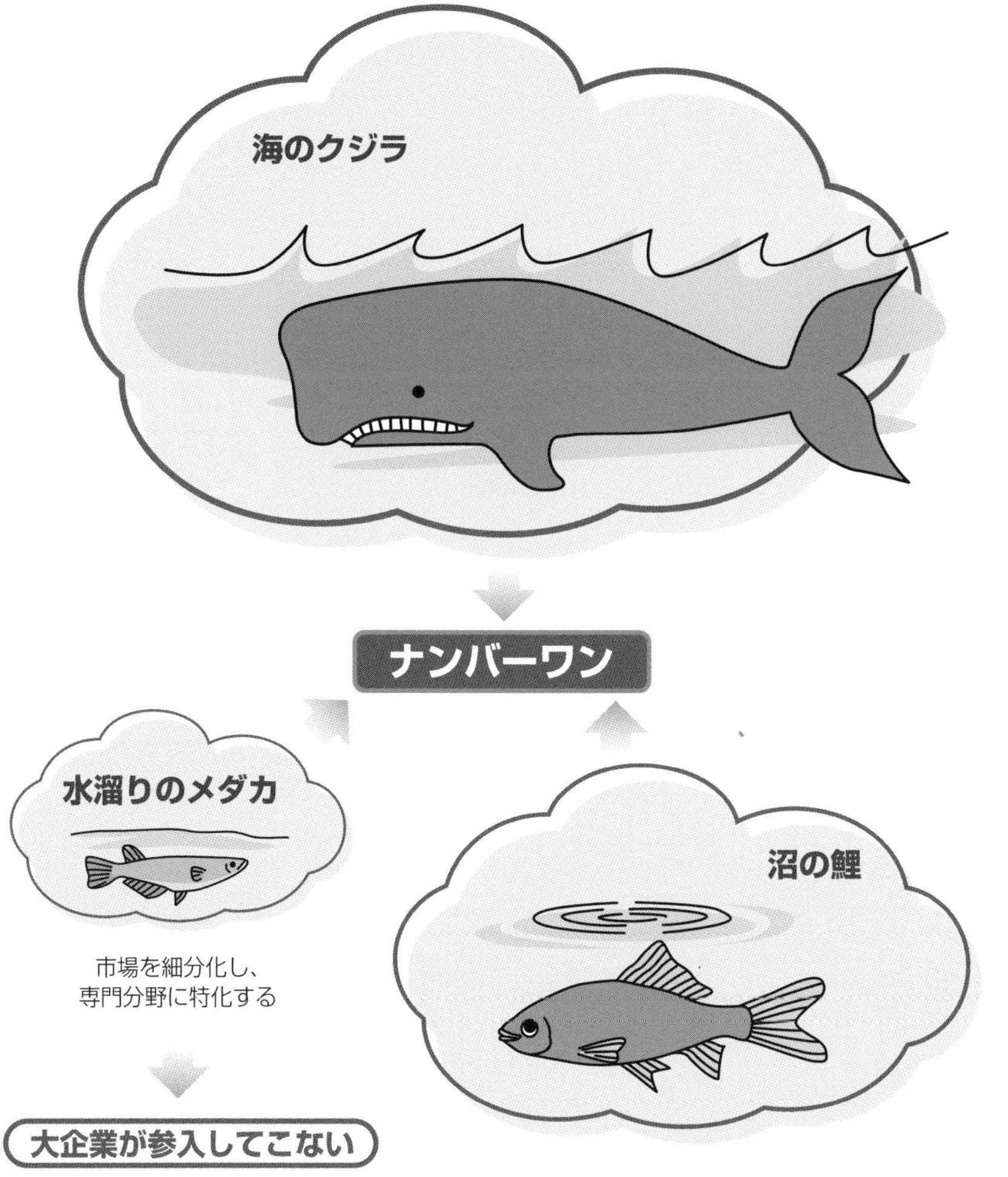
海のクジラ
ナンバーワン
水溜りのメダカ
沼の鯉
市場を細分化し、
専門分野に特化する
大企業が参入してこない

参照
『イノベーションと企業家精神』(ダイヤモンド社)、『チェンジ・リーダーの条件』(ダイヤモンド社)

専門市場戦略

特定の市場に対するノウハウを武器にする

対象市場の専門家になる

特定の業種・業界に特化している企業がたくさんあります。たとえば、特定業界向けの雑誌や新聞、特定業種のコンサルタントなど、ネットでキーワードを入れて検索すれば山ほど出てきます。

これらに共通しているのは、対象となる市場を熟知していることです。特定の何かを知っているというのではなく、その市場全体に詳しいということなのです。

ですから、市場に変化が現れると、「この変化に対応するために何が必要か」を分析・検討し、それに必要とする商品・サービス・制度を提案していくことになります。

このように、顧客企業に対して一般的な情報提供ではなく、コンサルティング的な情報提供ができるのです。「的」というよりも、コンサルティング「そのもの」なのでしょう。

市場の定義をし直そう

専門市場戦略を採用する場合、「専門市場とはどこか」の定義が重要になってきます。**市場の定義とは、「事業領域の決定」のことです。**

知識は、経験と体系的な学習によって身につけることができますが、その学習領域を決定しなければ、学習の対象が無限に広がっていきます。

なお、「専門市場戦略」と次項の「専門技術戦略」の違いですが、三章の「成長の方向性」であげた二つの要素、「市場」と「商品」（技術）の違いです。

前者が市場の専門知識を中心に構築されるのに対して、後者は商品を中心に構築されています。

専門市場戦略

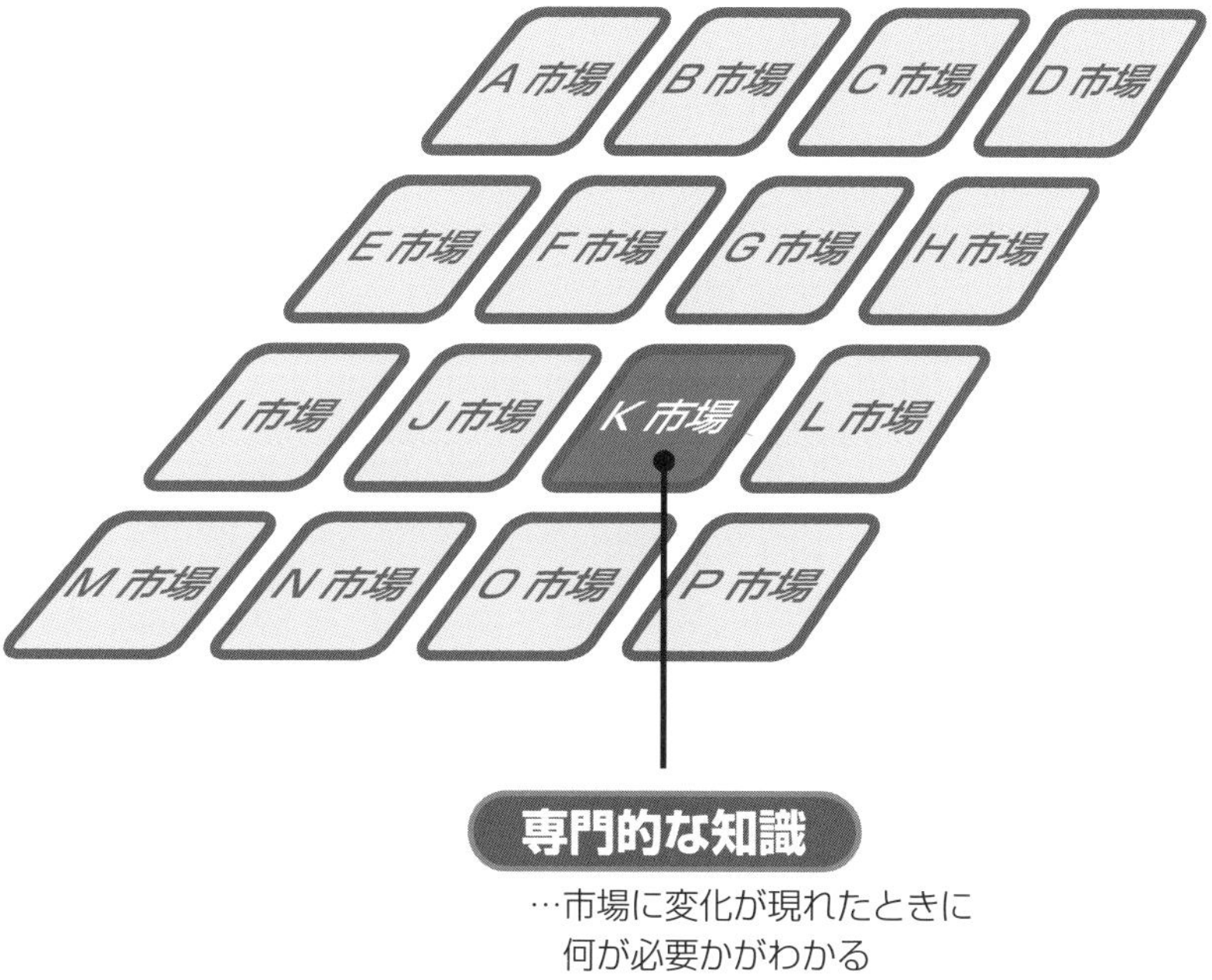
A市場
B市場
C市場
D市場
E市場
F市場
G市場
H市場
I市場
J市場
K市場
L市場
M市場
N市場
O市場
P市場
専門的な知識
…市場に変化が現れたときに
何が必要かがわかる

事業領域の決定が重要になる

参照
『イノベーションと企業家精神』（ダイヤモンド社）、『チェンジ・リーダーの条件』（ダイヤモンド社）

専門技術戦略

特定の技術分野で独自化・差別化を確立する

絞り込んだ技術で勝負する

パソコンなどで使われている精密小型モーターで、世界のトップを走る日本電産という企業があります。

七千数百億円の売上げのうち、五十二％の約三九〇〇億円が精密小型モーターの売上げです（二〇〇七年度）。

モーターは大型になると発電所などでも使われますが、同社の手掛けるのは、せいぜい中型モーターまでです。

大型モーターは日立製作所などで製造されています。同じモーターなのですが、まったく別の技術です。

また、小型のポンプだったらどのようなものでも製造する企業もあります。しかし、小型ポンプの技術だけに特化しています。

ポンプは液体を移動させるものですから、小型のポンプが製造できるのであれば、その技術を用いて大型ポンプも製造できるはずです。しかし、そこには進出していません。

このように、特定商品の深い専門技術を武器にして展開するのが、専門技術戦略です。

専門性を追求する

大企業であれば、モーターでもいくつかの部門に分けることで、専門化と総合化の両立が可能ですが、中堅以下の企業ではそうはいきません。

ですから、「大型」「中型」「小型」「精密」に分類し、さらに、用途別に細分化することで独自化や差別化を図っていきます。

また、**技術戦略は製造業だけにかぎりません**。たとえば、品ぞろえ・集客・企画など、その産業に必要な技術（ノウハウ）があるはずです。

専門技術戦略

大型
大型モーター
大型ポンプ
中型
小型
細分化
パソコン
シェーバー
自動車電装
ビデオカメラ
絞り込んだ
市場で勝負する

（例）日本電産は精密小型モーターで世界トップ

参照

『イノベーションと企業家精神』（ダイヤモンド社）、『チェンジ・リーダーの条件』（ダイヤモンド社）

価値創造戦略

顧客の価値を基準にした売り方をする

顧客の価値を考える

卸売業を、「小売店の購買代理業」と定義すれば、口銭商売になり、粗利益率は二〇％以内でしょう。

ところが、「売れる商品の企画提案業」と定義すると、仕入れ原価プラスの価格設定ではなくなります。小売業へ販促を提案するのですから、小売店への貢献度によって、価格を設定できるようになります。

同様に、酢は一リットル数百円ですが、健康酢になると、数千円から一万円を超える商品もあります。

原材料には価格ほどの差がないのですが、「調味料」から「健康食品」に価値を変えたのです。

「健康」には、値段がつきませんので、健康食品などの製造原価は、だいたい二〇％程度です。五％以内の優良企業もあります。

しかし、モノでなく、「健康」を売っているので、元気になった顧客は、文句を言わずリピーターになり、口コミの営業パーソンになってくれます。

価値提案企業になろう

卸売業の「購買代理業から企画提案業」への定義の変更は、「卸売業からサービス業への転換」です。また、後者は、「製造業からサービス業への転換」です。

価値創造戦略とは、モノを売るのではなく、**そのものを買って得られる効用を商品にして販売します。**

つまり、物理的な商品を、顧客の効用の視点でとらえ直しているのです。

このように考えていくと、「事業目的」「事業の定義」の重要さが、改めてわかってきます。

価値創造戦略

ただの
酢
調味料
としての酢
顧客にとっての効用は？
健康に良い
そうだ！
健康を売ろう
顧客の価値で考えてみると・・・
○○屋の
健康酢
健康酢
価値を提案
他の商品に置き換えてみると

参照
『イノベーションと企業家精神』（ダイヤモンド社）、『チェンジ・リーダーの条件』（ダイヤモンド社）

Drucker

価格戦略

販売対象と価格の意味を変える

価格の意味を考える

コピー機は、今でこそ買い取りもありますが、以前はカウンター課金が主流でした。

カウンター課金では、コピー機を販売していたのではありません。同じ書類がたくさん必要なときの「複写する手間」を一枚あたり一〇円で販売していたのです。

また、コピー機の購入には、社長や会議の承認が必要になります。しかし、カウンター料金は、消耗品費や雑費で落とせますから、めんどうな決裁は不要になります。

同じように、ダスキンの掃除用モップのレンタルは、拭き掃除の手軽さと雑巾を洗う手間を、「一回あたり○○円」で提供しています。

また、カミソリの替え刃は、「一回あたりのひげそり」を買っていることになります。

ただし、「機械の購入代」から「一回あたりの使用料」に変わるには、顧客の理解が欠かせません。

また、リースのように税制などを含む社会の受け入れ態勢が整わないと、制度として機能しません。

それは、**「所有価値から使用価値への転換」**あるいは**「モノの購入からサービスの購入への転換」**という、社会的なイノベーションを要求するからです。

わが社はサービス業である

価格戦略も価値創造戦略と同様に、「製造業からサービス業への転換」になっています。サービス業でもモノは必要ですが、主は「効果」であり「モノ」は従となります。

価格戦略

●カウンター式のコピー機リース → 「複写する手間」を一枚あたり10円で販売

●掃除用モップレンタル → 「ふき掃除の手軽さ」「雑巾を洗う手間」を1回あたり○○円で販売

●カミソリの替え刃 → 1回あたりのひげそりを○○円で販売

「所有価値」から「使用価値」への転換という社会的イノベーションが必要になる

参照
『イノベーションと企業家精神』（ダイヤモンド社）、『チェンジ・リーダーの条件』（ダイヤモンド社）

事情戦略

顧客の「困った」に焦点をあてる

顧客の都合は?

顧客の困った、を有料で解消するのが企業の使命です。この「困った」という顧客の都合に目を向けるのが、事情戦略です。

たとえば、月々の給料から支払うのは大変だけどボーナスでなら支払えるという人に、先に商品を渡す仕組みがクレジットのボーナス一括払いです。手数料がかかりますが、便利さや充実感を先買いしていると思えば、許容範囲内です。

また、あるネジ製造業者は、一個からでも特注を受け入れるそうです。研究開発用のネジは、一個で十分です。いくら一個があたりは安くても、九九個が無駄になるのであれば、一個あたり数十倍の値段でも、支払う金額が少なくなる方を選ぶでしょう。

もう一つ、ある金型製造業は、二四時間、注文を受けつけています。特急、超特急など、受注から納品までの時間で料金は異なりますが、急ぎを必要としている顧客に支持されています。

特に、国内の製造業は、価格勝負では中国に太刀打ちできません。しかし、スピードなら、国内で二四時間受けつけ、二四時間操業すれば、距離にハンデがある中国には負けません。

他社の嫌がることがチャンス

この事情戦略は、事例の通り、顧客の都合に一〇〇%合わせます。効率よりも効果を優先しています。

特に、製造現場では、効率を優先する傾向がありますが、**競争力のない効率化には意味がありません**。顧客の都合を優先した方が賢明です。特に、他社の嫌がることはチャンスといえます。

事情戦略

困ったなぁ・・・
ネジを１個だけ買いたい。100個単位で買えば安いけど、100個も必要ないし・・・
今はお金がない。でも、12月にはボーナスが出るし、月々少額だと・・・
急遽金型を発注したい！できれば明日の朝から作業を開始したいのだが・・・

顧客の「困った」に焦点をあてる

↓

「効率化」よりも「効果」

参照

『イノベーションと企業家精神』（ダイヤモンド社）、『チェンジ・リーダーの条件』（ダイヤモンド社）

Drucker

第 5 章

組織

構築する力

組織とは何か

人の弱みを帳消しにし、強みを発揮させる協働体

個々の総和以上の力になる

経営戦略はアイデアにすぎません。実行に移さなければ「良いアイデアだったね」で終わってしまいます。

また、それぞれの行動に責任を持つ人がいなければ、やり遂げることができません。

戦略を実行するには、さまざまな部門の、さまざまな担当者が、それぞれの責任を持って担当する必要があります。組織は、その役割の分担を決める仕組みです。

組織というと、「人の配置」のイメージが真っ先に浮かんできますが、それだけではありません。**組織は経営資源（ヒト・モノ・カネ）の分配の仕組み**でもあるのです。

また、「1＋1＝2」を求めるのであれば、コミュニケーションの苦労がない一人の方が気楽ですし、確実にできます。

一人でできないことでも力を合わせると、五倍にも一〇倍にもできるのが組織の魅力です。たとえば、大きな岩は一人では動かせませんが、複数で協力すると動かせます。

組織は体の部位（臓器や手足）と同じで、各部門が強くないといけませんが、部門単体ではまったく機能しません。他部門との連携で能力が発揮できるのです。

企業が変革するための仕組み

企業には、経営環境に応じて変化していく仕組みが大切ですから、「適応性」「継続性」が求められます。

ですから、強さや賢さよりも、どのような変化にも適応できる柔軟性としたたかさが大切です。

組織とは何か

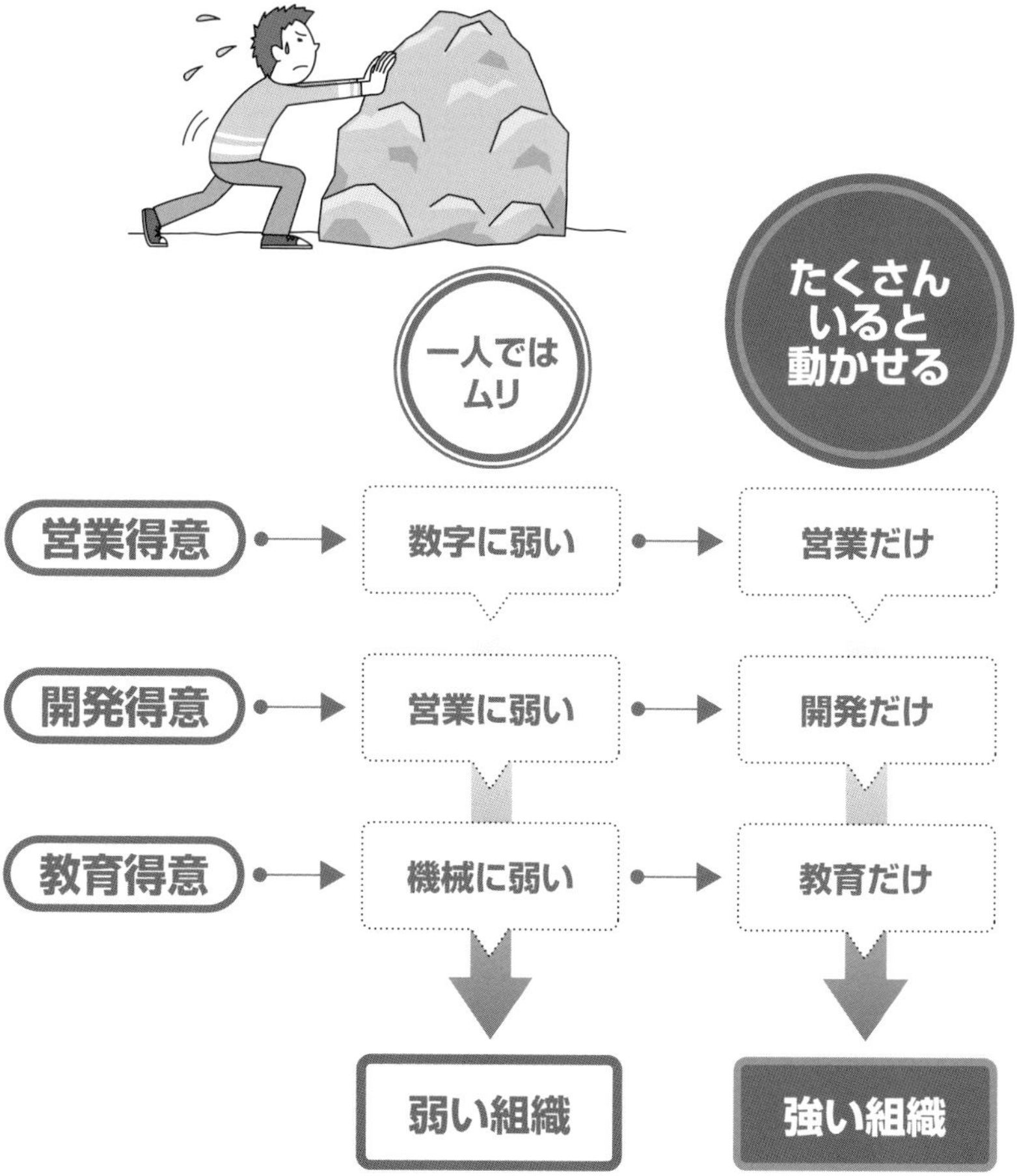
一人では
ムリ
たくさん
いると
動かせる
営業得意
開発得意
教育得意
数字に弱い
営業に弱い
機械に弱い
営業だけ
開発だけ
教育だけ
弱い組織
強い組織

参照
『現代の経営』（ダイヤモンド社）

組織の形態

基本は、事業部制・機能別組織・チーム制

長所と短所を理解する

【事業部制】：ひとくくりにできる商品群や地域ごとに事業単位を設定する組織構造です。

事業部ごとに独立しているため、利益単位の仕組みを作れます。しかし、事業部ごとに間接部門があるため、非効率な部分が出てきます。

それを補うのが疑似事業部制です。これは、間接部門を本社で統合することで、非効率の部分を除くことができます。

また、事業部制でもっとも大切なのは本部機能の強化です。本部機能が強くないと、各事業部が自部門の利益を最優先するため、最適な経営資源の配分ができなくなってしまいます。

【機能別組織】：製造・営業・経理など、業務内容ごとに分けた縦割りの組織です。横の連携がむずかしくなるのが欠点です。

また、専門性が高いため、専門家を育成するには最適ですが、全社的な視点から意思決定を求められる経営幹部の育成には不向きです。

【チーム制】：専門化集団のシステム会社や広告会社などで使われる組織で、仕事ごとに必要な能力を持つ人たちでチームを組み、その仕事を終えるまで一緒に仕事をします。

仕事に繁閑の差があると、人が不足したり、ダブついたりします。

どれかを基本に工夫する

組織に関しては、どの形態が正しいかではなく、どれが合うかで判断します。どの形態にも長所と短所があるからです。また、**ある形態を基本にして他の形態を併用する**ことも可能です。

組織の形態

事業部制

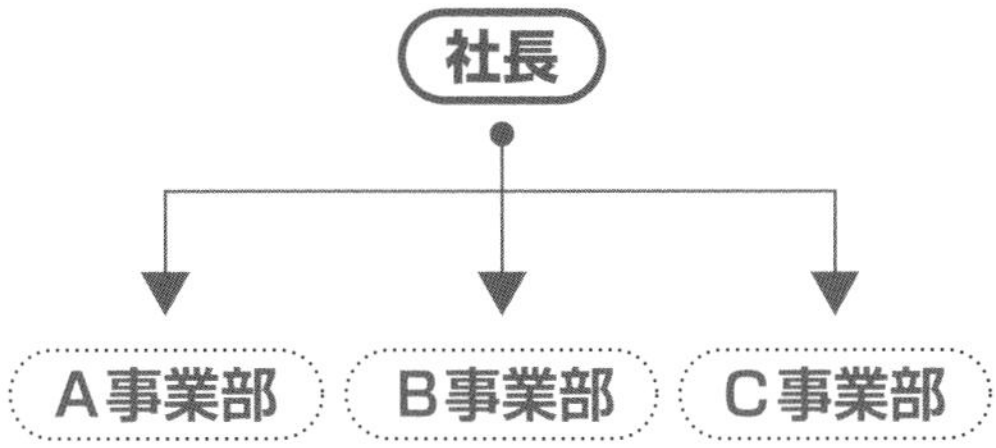
社長
A事業部
B事業部
C事業部

機能別組織

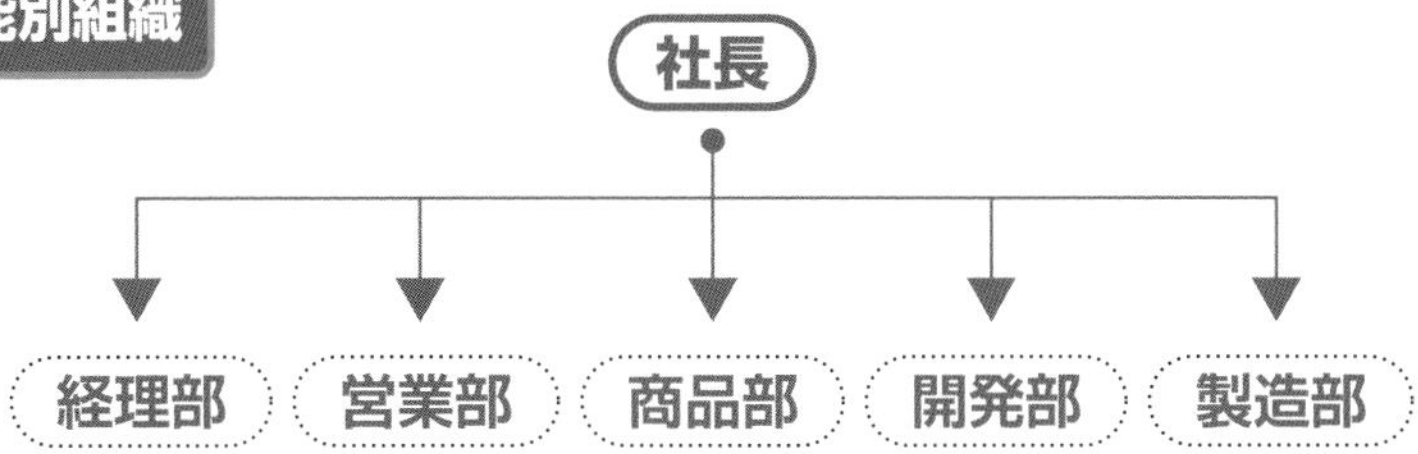
社長
経理部
営業部
商品部
開発部
製造部

チーム制

今のAチーム：田中・佐藤・小松

今のBチーム：井上・木村・吉田

明日のCチーム：木村・佐藤・沢辺

明日のDチーム：井上・田中・山崎

参照

『現代の経営』（ダイヤモンド社）

組織構造決定のための基幹活動分析

成果を上げるために必要な活動を明らかにする

売上げと利益をあげる活動

「組織構造は戦略に従う」ものです。ですから、組織は経営戦略を実現するための構造にしなければなりません。それに必要なものが「基幹活動分析」です。

基幹活動分析は、**「自社の優位性を打ち出すために、どのような業務が必要になるか」を、体系的に知る**ための分析です。

強みを伸ばすことが、勝ち残りのためにもっとも必要なことですが、致命的な欠陥があれば、強みが機能しません。

その致命的な要因も明らかにするのも、この基幹活動分析の重要な目的の一つです。

「強みをもっと強くする」と同時に、「致命的な欠陥は排除または克服する」必要があります。しかし、経営資源はかぎられています。

そこで、克服すべき分野に優先順位をつけ、取り組むべき分野と、先送りや無視する分野を決定します。その取り組むべき分野を明らかにすることも基幹活動分析の一つです。

存在意義を忘れずに

企業には経営理念があり、順守すべき方針があります。それに反してまで利益を上げようとすると、社会問題となっている偽装や虚偽のように、顧客の利益に反したり社員の幸福を奪ったりします。

そのため、基幹活動の分析をするときには、常に「何を実現しようとしているのか」「それは顧客が満足することか」「社員はどうか」など、自社の価値観を自問する必要があります。

組織構造決定のための基幹活動分析

組織構造は戦略に従う

基幹活動分析

自社の優位性を
打ち出すために、
どのような業務が
必要となるか？

→ **強み**をのばす

→ **致命的な欠陥を**排除·克服する

自社の価値観を自問することが大切

・何を実現しようとしているのか
・それは顧客が満足することなのか？
・社員はどうか？

参照

『現代の経営』（ダイヤモンド社）

運営をスムーズにするための意思決定分析

どのような意思決定を、どの階層で行うか

意思決定の留意点

企業運営をスムーズにするためには、役割に応じた権限の付与が必要になってきます。

それが権限委譲であり、「誰に」「どの程度」の権限委譲をするかを決めるのが意思決定分析です。

【決定の有効期間の長短】：今月や今期に関するものか、中長期間に関するものかによって、意志決定できる階層が違ってきます。

【他部門などへの影響度】：商品部が管轄する在庫の変更などは、営業部門や経理部門にも大きな影響を及ぼしますので、経営層での決定になります。

また、取引先との取引開始や停止、主要商品の取り扱い終了も、一担当者レベルでは決められない問題です。

【価値的な要因の数】：経営理念、行動指針、コンプライアンスなどにかかわる決定も、経営者の意向などを反映させる必要があります。

一連の偽装や虚偽表示、品質の問題などは、企業の価値観に関する問題でした。

【一度きりか、反復するか】：これによっても判断基準が違ってきます。繰り返し起こる問題は、ルールを決めておけば、あとは手続きでOKです。

また、意思決定で大切なのは実行です。ですから、実行する際の関係者を意思決定に参加させることです。

さらには、意思決定の場に参加させるまでには至らないのですが、決定の結果を知っておく必要のある人たちがいます。その人たちには、かならず基準や業務の変更を知らせておきましょう。

これらの意思決定によって、どの

運営をスムーズにするための意思決定分析

意思決定の種類

意思決定の階層	例外的か、反復的か	価値的な要因	他部署への影響度	有効期間の長短
社長	決定権	決定権	決定権	決定権
役員	決定権		決定権	決定権
部長	決定権		決定権	決定権
課長			決定権	決定権
担当者				決定権

参照

『現代の経営』（ダイヤモンド社）

ような活動に影響が出るかを検討したうえで、できるだけ課長や主任レベルで行うことが必要です。

　しかし、価値観に関する意思決定などは、簡単に思えても、経営層で行う必要があります。

　最後に、**何も決めないことも意志決定でのりっぱな選択**です。判断する材料がないときに、無理して意思決定しようとすると、誤った判断を下してしまいます。

全会一致を求めない

　全会一致は、議論が「足りなかった」「浅かった」と疑う必要があります。価値観の異なる人々の意見が一致することなど、まずあり得ません。

　あるいは、**新規事業への参入で、皆が賛成するというのは、すでに時期を逸している可能性が大きい**ものです。

運営力強化のための関係分析

部署間で相互に行う貢献を明らかにする

貢献し合うのが組織

基幹活動分析で、組織構造を決定し、意思決定分析で、運営をスムーズにするための権限委譲のルールを決めました。

次の段階として、組織は協働の体系なので、そのためのルールを作ります。

これは、自部署内だけにとどまりません。製造と営業、営業と経理、製造と購買、開発と製造、財務と経理、人事と営業などとの関係がありま す。これらを明らかにしていきます。

他部署は、貢献してもらう存在であり、自部署が貢献する存在だと考えている人はほとんどいません。営業や製造部門のなかには、「おれが食わせてやっている」と勘違いしている人がいるくらいです。

どの部署でも、他部署に対してのの貢献を考える必要があります。基本的には、**ルールや規定通りに仕事をするのが、最大の貢献**だと考えてください。

反対に、他部署への貢献の見返りとして、自部署への貢献も求めなければなりません。ただし、他部署にも都合があります。それらを無視しての要求はトラブルのもとです。

上司と部下、他部門との貢献

上司や部下との貢献関係も明らかにしましょう。たとえば、部下の基本的な仕事は上司の補佐です。

反対に、上司の基本的な仕事は、方針や目標の設定と部下の指導育成、サポートです。

他部門との関係は、前工程と後工程の関係、支援と被支援の関係です。

相互にどのような貢献が必要かを伝え合っておきましょう。

運営力強化のための関係分析

組織は貢献しあうもの
「縦の貢献」「横の貢献」の関係で、
どのような貢献が必要かを考えておく
上司
他部署
上司
縦の貢献関係
同僚
部下
横の貢献関係

参照
『現代の経営』（ダイヤモンド社）

同族企業の経営

「同族」よりも「企業」に重点を置く

同族企業の長所と短所

同族企業のことを、英語では「ファミリービジネス」と言います。ファミリーと言えば、何となく温かさを感じます。しかし、日本語で同族企業というと「前近代的」「中小企業」のイメージが先行します。なぜでしょうか?

同族企業の長所は、所有者とその親族が経営権を持っており、重要な地位を占めているので、労を惜しまないことです。家業意識が強いため、目標達成意欲も高くなります。

一方、親族で重要な地位を独占していることが短所になります。

その役割にふさわしい能力を持つ人が、その地位にいれば問題はないのですが、社長の弟だから、子息だからという理由だけで、その地位についているケースが圧倒的に多いのです。

「**企業は三代目が潰す**」と言われますが、優秀な人材が三代続くことはないということでしょう。それでも、当然のように後継者になっています。

また、相続により株主が分散され、統制が利かなくなる可能性も秘めています。

無能な者を要職に就けない

同族企業をうまく運営する方法はただ一つ、「同族」よりも「企業」の方を優先させることです。

たとえば、子息を雇用しても、重要な地位にさえつけなければ、浪費はその人件費だけで済みます。

しかし、地位につけると、業績は低迷し、優秀な人材は嫌気がさして辞めていきます。「企業の論理」は、そのような愚行を排除してくれます。

同族企業の経営

同族企業

長所
家業意識が強いため、事業発展のために労を惜しまない
目標達成意欲が高くなる

短所
親族で重要な地位を独占することが多くなると、
優秀でない社員が重要な地位につく可能性もでてくる

同族よりも**企業**に
重点を置いた方がうまくいく

無能な人を要職につけない!

参照
『現代の経営』(ダイヤモンド社)

Drucker

組織の病状

成長や成果を阻害する症状を知る

企業の一〇の病症

「健全」の定義は、人によって多種多様です。しかし、健全でない状態はすぐにわかります。それが次に述べる症状です。

【管理階層の肥大化】：管理職が過半数を超すような企業があります。指揮官ばかりでは軍隊が成り立たないように、管理職が多すぎる企業も成り立ちません。

【目標の貧困や混乱】：達成率を高めるための低い目標、一応、設定しているだけの目標などは言語道断です。

【権限の過度の集中】：経営者の能力や業態にもよりますが、中小企業以上になると、管理者に任せることができない企業に発展はありません。

【無能な者の放置】：業績の悪い企業で共通して見ることができます。

【部門間問題の頻発】：責任のなすり合い、足の引っ張り合い、仕事のルールの無視などで、顧客のための仕事をする時間がなくなってしまいます。

【多すぎる会議】：会議が責任回避の手段になっています。

【他人への気の遣いすぎ】：上司が自分に気を遣わせるのは最高の気分でしょうが、業績への影響と部下自身のストレスは最悪です。

【職責を持たない人への依存】：権限も責任もないスタッフ部門が、幅をきかせている企業で見受けられます。

【度重なる組織変更】：「組織は戦略に従う」ものですが、戦略の変更がないときも組織変更をしています。

【経営層や管理層の年齢の偏り】：高齢者だけ、若年者だけへの偏りは共に危険です。

これらは、「経済性と明快さ」「ビジョンの方向性」「意思決定の迅速

組織の病状

多すぎる会議
他人への気の遣いすぎ
職責を持たない人への依存
度重なる組織変更
経営層や管理層の年齢の偏り
管理階層の肥大化
目標の貧困や混乱
権限の過度の集中
無能な者の放置
部門間問題の頻発
悪い組織の症状
身に覚えはありませんか？
治療は目標の明確化・適性化から！

参照
『現代の経営』（ダイヤモンド社）

さ」「安定性と適応性」「永続性と新陳代謝」を阻害する病状なのです。

治療は目標の明確化・適性化から

目標設定で、利益や売上げを、前年対比だけで設定する企業が多いようです。

そのような企業では、その目標を達成するための計画が、担当者の年間計画でも「精神論」「抽象論」で終わっています。

また、**現在のような景気変動期には、目標設定の基準が前年対比だけでは、ほとんど機能しません。**前年までと傾向が異なるのが変革期ですから、目標の設定基準も、前年対比が使えなくなります。

次章の目標設定のルールにしたがって、目標を設定していきましょう。

Drucker

第 6 章

目標管理

戦略を日常業務に変える仕組み

目標管理とは？

人を尊重するための経営手法

目標設定にはバランス感覚が重要

「尊重」を辞書で引くと「価値あるもの、尊いものとして大切に扱うこと」となっています。たんに「優しくする」「甘やかす」ことではありません。

人間は、単調・反復の作業においては機械には及びませんが、統合・調整・創造・激励・いたわりなど固有の能力を備えています。

何よりも、**自ら成長・発展できる経営資源は人だけ**です。しかも、「働くか働かないか」「どれだけ一生懸命働くか」の決定権を持っている経営資源も人だけです。

このような人の特性を活かすために、権限と責任を与え、自らの意思で企業に貢献してもらおうとするのが、本来の目標管理です。

また、企業を継続的な存在にするためには、将来（投資）と現在（利益）とのバランスが必要です。

そのためにも、複数の目標を設定し、それら目標間のバランスも必要になってきます。

ノルマではなく具体策を

目標管理の特徴は、先行する「全社の目標」と「部門の目標」「個人の目標」を、トーナメント表のように結びつけることです。

しかも、割りあてではなく、会社や部門の目標と、それに基づいて作成した個人目標を照らし合わせ、差異（ギャップ）を話し合いで埋めていくものです。

ですから、上司は、部下が「このようにやる」という手法で利益や売上げが不足するときは、獲得方法を教えてあげたり、いっしょに考えたりする必要があります。

目標管理とは?

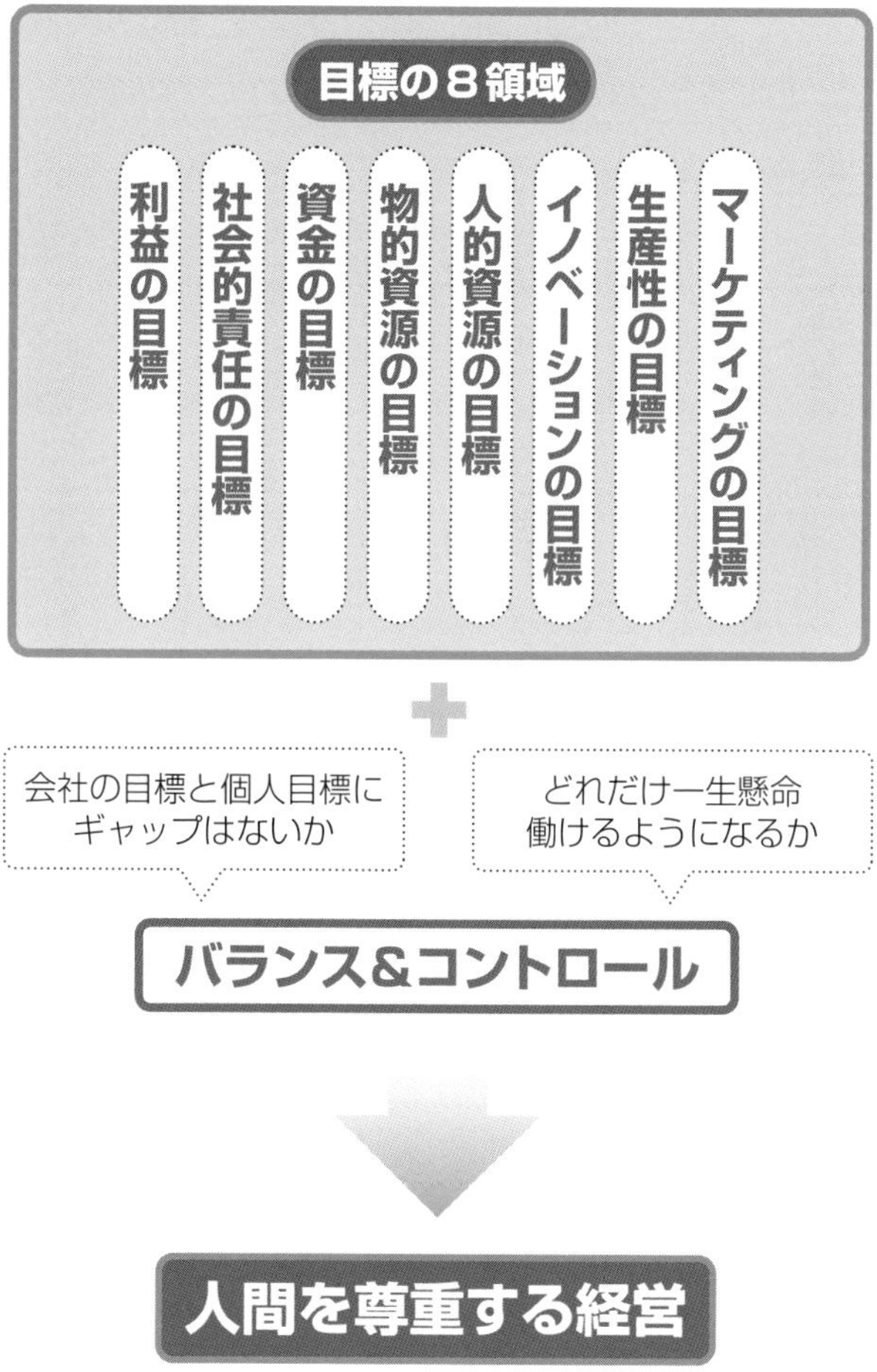
目標の８領域
マーケティングの目標
生産性の目標
イノベーションの目標
人的資源の目標
物的資源の目標
資金の目標
社会的責任の目標
利益の目標
会社の目標と個人目標にギャップはないか
どれだけ一生懸命働けるようになるか
バランス&コントロール
人間を尊重する経営

参照

『現代の経営』（ダイヤモンド社）

マーケティングの目標

顧客の創造を、売上や市場シェアで表わすもの

企業活動が集約される売上げ目標

マーケティングは考え方なので、そのまま目標設定することはできません。ですから、売上高や利益に置き換え、**「対象とする市場」と「取扱商品」の組み合わせ**で、目標を設定していきます。

その組み合わせは、(1)現在の市場で現在の商品の売上高やシェア、(2)新市場で現在の商品の売上高やシェア、(3)現在の市場で新商品の売上高やシェア、(4)新市場で新商品の売上高やシェアです。

(5)利益のとれない顧客、売れない商品や販売ルートは、維持するだけでも想像以上のコストがかかります。そうしたものは自然に解消できるものではありませんので、意識的に廃棄する必要があります。

ですから、それらを廃棄する基準を決め、計画的に取り除くために、廃棄の目標も設定します。

(6)取引には有料・無料を問わず、サービスがつきものです。ときには、サービスの方が、重要な選択理由になるほどです。さらには、サービスと商品との区別さえつかないときがあります。

それほど重要なサービスですから、その内容についても、目標を設定して取り組む必要があります。

捨てないと稼げない

廃棄の目標設定のやり方ですが、ヒト・モノ・カネ・時間を有効活用するための顧客や商品の優先順位を決めます。そして、優先順位の高いものに十分な資源を割り振り、資源がなくなれば、それ以下は廃止します。

マーケティングの目標

「対象とする市場」と「取扱商品」の組み合わせで目標を設定

商品＼市場	現在	新
現在	市場浸透	市場開拓
新	商品開発	多角化

マーケティングの6つの目標

(1) 現在の市場・現在の商品の売上高・シェア
(2) 新市場・現在の商品の売上高・シェア
(3) 現在の市場・新商品の売上高・シェア
(4) 新市場・新商品の売上高・シェア
(5) 廃棄すべき事業や商品
(6) 企業が必要と認め、顧客が価値を認めるサービス

参照

『現代の経営』(ダイヤモンド社)

生産性の目標

付加価値をいくらにするかの決定

付加価値を高める

「生産性」は、コストの削減で実現するものだと思い込んでいる人もいるようです。

しかし、コストを下げるだけではありません。同じコストで売上げを増やせば生産性は向上します。

同じヒト・モノ・カネ・時間を使うならば、産出量を増やす。産出量が一定ならば、投入するヒト・モノ・カネ・時間を削ることで実現します。

要するに、**産出量と投入量の差（付加価値）を大きくすればよいのです**。つまり、「コスト率」を下げるのが生産性の向上です。

生産性の目標は、（1）総収入に対する付加価値の割合、（2）付加価値の中での利益の割合、を設定します。

ただし、利益は投資の抑制で捻出できます。ですから、勘違いしないように、目標設定時には、「何のために目標設定するのか」を、再認識する必要があります。

生産性を高める構造改革

通常、生産性をあげる手法として考えられるのは「時間を短縮する」「原材料を替える」「人手を少なくする」などです。しかし、これだけでは限界があります。

根本的に高めるには、「外注する」「内製化する」「品揃えを変える」「仕事そのものを変える」「仕事のやり方を変える」などがあります。

戦略的な発想と戦術的な発想の両方からチャレンジしてください。意識して会社全体を見直すと、いたるところに改善・革新の要因があります。

生産性の目標

生産性の向上＝コスト率を下げること

目標設定の内容

総収入に対する付加価値の割合

付加価値の中での利益の割合

- 時間を短縮する
- 原材料を変える
- 人手を少なくする

＋

- 外注する
- 内製する
- 品揃えを変える
- 仕事のやり方を変える
- 仕事そのものを変える

参照

『現代の経営』（ダイヤモンド社）

Drucker

イノベーションの目標

継続的な改善・革新の範囲とレベルの決定

継続的な改善と革新

改善とは、現在からの発想です。「より良くする」「より違ったものにする」ために考え、実行することです。

たとえば、効率とは管理用語であり、「コスト率を引き下げること」ですが、短期的な改善レベルの目標では、二〇％の削減が上限でしょう。

これは、担当者レベルの創意工夫で実現することが可能です。現場の知恵で行える目標設定です。

この改善を継続すれば、中長期的には、見違えるような筋肉体質になっていきます。

一方の革新とは、将来からの発想です。「より新しいものにする」「理想とする企業になる」からスタートします。

革新の目標は、理想とする状況を設計し、そうなるために、「新たに・何を・どのレベルではじめなければならないか」を設定します。

この目標設定では、「コストを半減するためにはどうするか」など、**改善では達成できないレベルの目標を設定します。**

そこでは、工場の移転、機械の導入、システムの変更など、全社的な意思決定がないと取り組めない課題が出てきます。

イノベーションを業務に織り込む

この二つのどちらかが重要か、の質問はナンセンスです。役割が違うだけで、どちらも重要ですから、それぞれ担当する業務で、真剣に取り組むことです。

ただし、革新は戦略的な要素が強いため、全社への影響力は革新の方が強くなります。

イノベーションの目標

改善と革新の2面からの発想
目的を明確にして、計画的に取り組む

イノベーションの目標領域

（1）マーケティングの目標を達成するために必要な新商品と新サービス
（2）技術革新で陳腐化する現在の商品の代替品となる新商品と新サービス
（3）商品の改良
（4）コスト率低減のための生産・業務プロセスの改善や革新
（5）すべての機能別におけるノウハウの修得や改善

イノベーションにかかわる目標と成果を評価するための指標

（1）市場における地位にふさわしいイノベーションを行ってきたか？
（2）将来のためのイノベーションに必要な分野を耕し、種まきをしてきたか？

参照
『現代の経営』（ダイヤモンド社）

人的資源の目標

人数と求める能力の決定

人を量と質で考える

企業は、環境対応が使命ですから、刻々と移り変わる経営環境に合わせて、迅速に変化することを「良し」とします。

そこで「適正」とすると、固定化の印象が強くなってしまいます。企業に必要なものは「適性」であって「適正」ではありません。

そうした意味で「人数」をとらえることが必要です。特に、人的資源を資金面からとらえるときに、人件費だけでとらえるのは間違いです。

人に関する出費は、「経費」と「投資」に分けて目標設定をします。たとえば、中途採用ははじめから経費、新規学卒者の三年間は投資といった具合です。

「企業は人なり」と言われていますが、これは能力（質）のことです。

ドラッカーは、「**優秀な人材の確率は三乗分の一になる**」と言っています。たとえば、優秀な人材が三人欲しければ二七人が必要になるのです。

また、どのような能力を持っている「優秀とするのか」を、明らかにしておく必要があります。

優秀さは、業種・業態・企業の置かれた状態などによっても異なり、一般論では語れません。

管理者の育成を計画化する

企業全体は経営者の質で、部門は管理者の質によって決まりますので、管理者の育成には、中長期的な育成目標が欠かせません。

ただ、残念なことに、このもっとも重要なはずの目標を設定している企業はほとんどありません。

人的資源の目標

質の目標

量の目標

「優秀な人材の確率は3乗分の1になる」

製造に二人、営業に一人、
経理に一人、商品に一人…
市場開拓を任せられる人と、
製造で技術の伝承を行う人と、
あと五年で定年になる
営業部長の後任が必要で…

出費→経費と投資にわける

参照

『現代の経営』(ダイヤモンド社)

物的資源の目標

設備・施設・原材料の調達方法と時期の決定

顧客と競争から考える

「競争相手のA社は、減価償却が終わっているので償却負担が少なく、当社と比べて競争力がある」と、真顔で話しているB社の部長がいました。

その企業の減価償却期間は一〇年でした。

この技術進化の速い時代に、償却が終わっているような機械しか持たない企業に、最新鋭の機械を導入している企業が負けてはいけません。

負けている原因は、そのような管理職を放置していることだと思います。

と言うことで、最低でも減価償却費の範囲内で、計画的に設備計画を立てることです。もちろん、販売計画が前提となります。

また、店舗の改装や什器の入れ替えも計画的にしましょう。特に、流行に左右される商品を扱っている企業では、一〇年もしないうちに、商品と店舗・什器がまったく合わなくなります。

あるいは、原材料の仕入れ先を、価格だけで選んではいないでしょうか。納入価格が安い企業の提案力はどうですか?

また、相場制の高い原材料は、安いときに仕入れていますか? それとも、当用仕入れで、在庫量を優先して、価格の平準化を基準にしているのでしょうか?

あるいは、そのようなことは考えたことがないのでしょうか?

設備投資だけを目標にしない

十分やっているようで、十分でないのが物的資源の目標設定です。既述した設備・施設・備品・原材料の

物的資源の目標

A機械の入れ替え
工場の増築と営業所の開設
リースアップするパソコンをどうするか・・
原料が高騰しているから仕入れ方法を検討
償却期間が終わっている会社が、有利とはいえない！
10年前の機械をまだ使っているということ

参照
『現代の経営』（ダイヤモンド社）

視点から見直すと、これまでとは全く別の世界が開けてきます。

なかでも、**設備投資計画は業績に与える影響が大きいので、複数の指標で検討する必要があります。**支払いの可能性だけではなく、投資利益率・回収期間・競争優位性などにも配慮して決定する必要があります。

資金の目標

資金の量、調達の方法・タイミングの決定

三つの視点

必要なときに、必要な量だけ資金を調達できればよいのですが、内部留保以外の調達には、相手がいますので、日頃から金融機関などとの取引には、十分、配慮しておく必要があります。

ときには、多少の金利を支払っても担当者の実績づくりのための借入協力が必要になることもあります。

また、担当者には企業情報をしっかり伝えておくことです。困ったときだけ駆け込んでも相手にされません。

借入・増資・社債・買掛・リースなど、資金の調達方法（質）は多岐に渡っています。その方法によって、調達コスト・配当・減価償却・税金対策などに大きな影響を与えます。

資金の質は、一般に考えている以上に、経営全体に与える影響が大きいことを認識しておきましょう。

「黒字倒産」という言葉を聞いたことがあると思いますが、それは、入出金のタイミングの問題です。

資金繰り表やキャッシュフロー計算書を使って、入出金の管理をしっかりしておくことです。

重要になる利益と事業の将来性

現在は、**「決算書が担保」の時代**になりつつあります。当期や将来の業績が重要視され、不動産を持っていても借り入れができないのです。

その一例として、上場企業では、当期利益もさることながら、ＩＲ（株主や投資家に対する情報提供活動）がさらに重要になってきています。

そうした意味で、金融機関などとのつきあい方も、行動目標に落とし込んでおきましょう。

資金の目標

資金目標の３つの視点

資金の量

金融機関の担当者と、日ごろからの実績作りが重要になる。
企業情報はしっかり伝えておく

調達方法

借入・増資・社債・買掛・リース
方法によって、調達コスト・配当・減価償却・税金対策などに影響をあたえる

入出金のタイミング

「黒字倒産」にならないように。
資金繰り表キャッシュフロー計算書を使って入出金の管理をしっかり!

参照

『現代の経営』（ダイヤモンド社）

社会的責任の目標

社会への貢献と、コンプライアンスの決定

社会への貢献と義務

企業の社会的責任の基本は、事業を通して社会に貢献することです。社会が、経営資源を企業に託しているのは、社会に貢献させるためです。

たとえば、ダイエーの創業者である中内氏は、メーカー主導だった価格を小売業主導に切り替え、「価格破壊」で社会に多大な貢献をしました。また、コンビニを日本に導入したセブン‐イレブンも、購買行動に革命を与えました。

このような大きな社会貢献でなくても良いのです。自社の活動が、「社会に貢献していると言い切れるだけの何か」を掲げてください。

もう一つ、企業には「やってはいけないことは、やらない」社会的責任があります。コンプライアンスは、企業の最低条件なのです。

たとえば、企業は誓約を売り、顧客はそれを購入しているにもかかわらず、「顧客にわからなければ何でもやる」の偽装や虚偽表示は、顧客に対する裏切り行為です。

また、税金や社会保険は、日本でビジネスをやっているうえでの義務です。義務を負うからこそ、権利を主張できるのです。これを理解したうえで、社会的な責任目標を明記しましょう。

本業での貢献が最優先

社会的責任の中に「雇用責任」「地域社会への奉仕」なども入っています。

しかし、**企業の存続に影響が出るときには、迷わず経営を優先してください**。倒産すれば、企業本来の社会貢献もできなくなってしまうからです。

社会的責任の目標

企業の社会的責任とは
事業を通して社会に貢献すること！

（例）
ダイエー……………「価格破壊」
セブン - イレブン…「購買行動に革命」

「やるべきこと」

「やってはいけないこと」

は何か？

ルールを守って、社会に害を与えないぞ！
これで社会に貢献するぞ！

参照
『現代の経営』（ダイヤモンド社）

利益の目標

将来の経費をまかなう最小限度の利益の設定

利益は将来の費用

これまで七つの目標領域を考えてきました。これにより、収入と支出、投資やリスク管理のための内部留保が明らかになり、必要となる利益が決まってきます。

タイトルに「最小限度」と書いていますが、一つひとつ吟味していくと、今よりはるかに大きな利益が、必要になるのではないでしょうか。

ところで、①三〇％の利益の可能性があるが、〇％の可能性もある利益計画A案。②一〇％の利益であるが、ほぼ確実に得られるであろうB案。さて、御社にとって、どちらが優れた利益計画でしょうか？

そうした検討もしないまま利益計画を立てると、悲惨な結果になります。**いい加減な利益計画では、経費目標はかならず達成できますが、売上目標はほぼ未達成に終わる**からです。

また、ある事業からは、一〇％の利益を得ると決定しました。しかし、好景気には達成しても、不況下では二％になるかもしれません。

したがって、利益目標をつくるときには、最低でも五年くらいの平均利益率の目標を立て、そのうえで当期利益を設定する必要があります。

目標利益の考え方

経営の勉強をすると、「売上－経費＝利益」ではなく「利益＝売上－経費」と学びます。それは、「目標利益ありき」の発想です。しかし、この式には利益の根拠がありません。

目標利益は、本章で学んだ一つひとつの目標を設定したあとで出てくるものなのです。

利益の目標

必要利益

これまでの「**7つの目標**」を設定したうえで
考え直してみる。

配当
売上減への備え
商品開発
市場の開拓
設備の導入
今までの利益では、ぜんぜん足りない

**最低でも5年くらいの
平均利益率の目標を立てるべき！**

参照

『現代の経営』（ダイヤモンド社）

Drucker

第 7 章

狭義のマネジメント

運営する力

経営者の仕事

企業全体のマネジメント・サイクルをまわす

社会への貢献から考える

経営戦略とかさなる部分が多いのですが、戦略が「市場」「商品」「流通ルート」を決定するのに対して、「**事業のマネジメント**」は、戦略の前提となる「経営理念」「経営方針」も含みます。

また、ドラッカーは、管理者の役割を重要視しています。目標達成のために、経営資源を使って効率的な仕組みを作り、それを実行するのが管理者ですから、「**管理者のマネジメント**」が重要になります。

さらに、「**人と仕事のマネジメント**」とは、人間の特性にあった仕事の組み立て方・配置をすることです。

特に、人間性を尊重するドラッカーは、人を個性や市民性を持つ経営資源として見ています。そうすることで、感情を持つ人の特性を引き出すことができるようになってきます。

22ページでも紹介した、これら三つのマネジメントをまわしていくのが経営者の仕事です。

構想と構築と運営のバランス

三つのマネジメントでは、思考や分析の順番は、「事業のマネジメント」「管理者のマネジメント」「人と仕事のマネジメント」ですが、重要さにおいての優先順位はありません。

事業のマネジメントが優れていても、管理者がダメだと運営ができません。また、管理者が優れていても、現場の担当者が仕事をしなければ、何も動きません。

管理や担当者がよくても、やるべきことが間違っていたら成果に結びつきません。戦略の間違いは、戦術ではカバーできないからです。

経営者の仕事

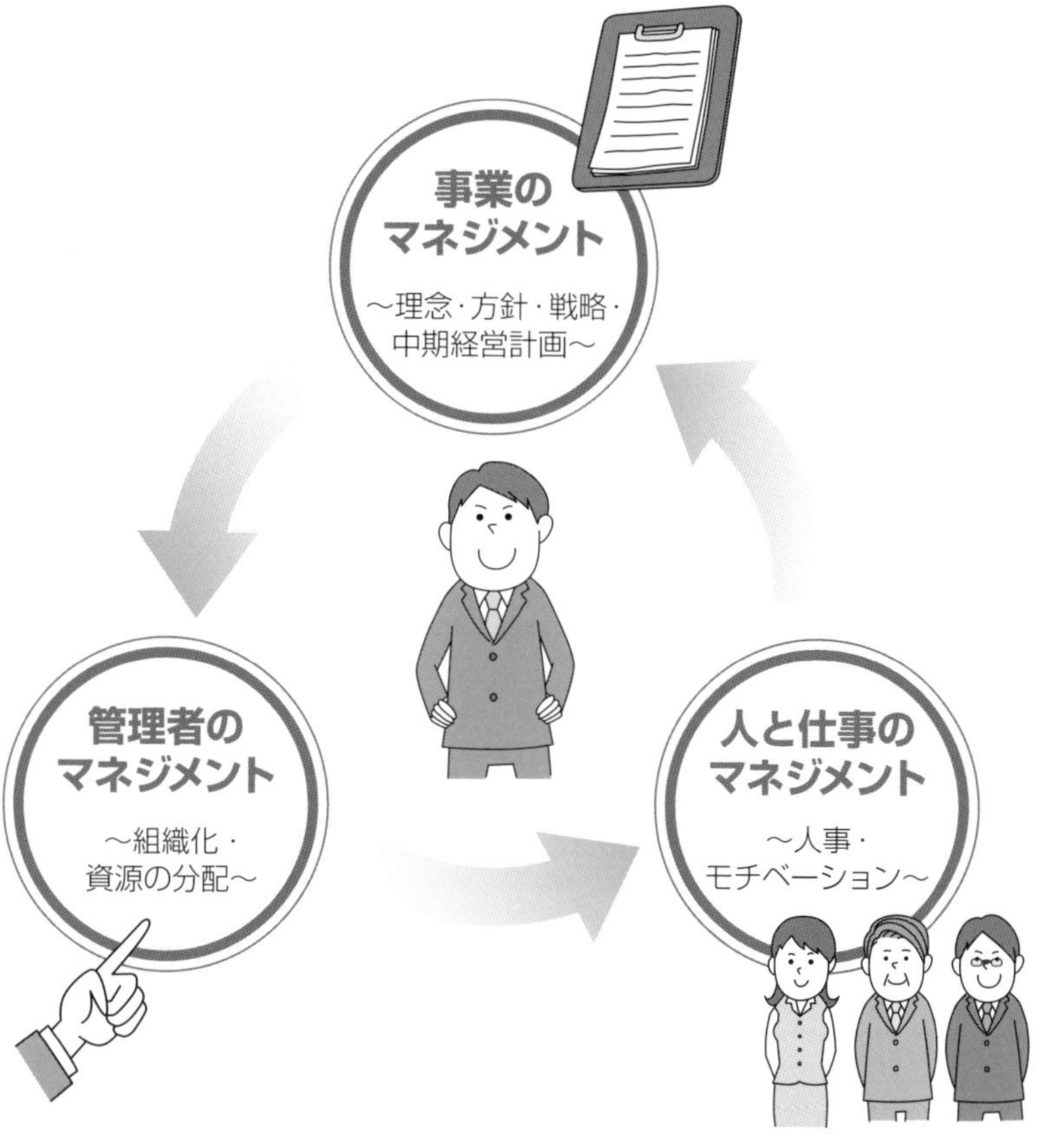
事業の
マネジメント
〜理念・方針・戦略・
中期経営計画〜
管理者の
マネジメント
〜組織化・
資源の分配〜
人と仕事の
マネジメント
〜人事・
モチベーション〜

3つのマネジメントをまわしていくのが、経営者の仕事！

参照

『現代の経営』（ダイヤモンド社）

Drucker

管理者の仕事

仕事を設計し、部下や機械に仕事を割りふる

当期利益だけでない管理者の仕事

ルーティンワークは管理者の仕事ではありません。人や機械に「何を」「いつ」「だれに」「どのくらい」やらせるかを決定するのが管理者の仕事です。

また、投入したモノに変化を与え、投入以上の価値を生み出すようにすることも管理者の仕事です。

企業は存続を前提としています。ですから、**現在と将来を同時に繁栄させる方向で事業や業務を組み立てていかなければなりません。**

将来の利益を見据えて「開墾」も「種まき」もしなければ、企業は発展しません。

反対に、将来の準備ばかりに心を奪われていても、今日食べるための利益がなければ、企業は飢え死にしてしまいます。この二つのバランスをとるのが管理者の仕事です。

部下に目的と目標を浸透させる

社会が企業に関心を持つのは、社会への貢献と業績だけです。

しかし、管理者は、成果を上げるための手段にも、関心を持たなければなりません。

その手段によって、必要とする能力が違ってきます。どのようなときに、どのような能力を必要とするか、常に考えなければなりません。

その前提となる企業理念・方針・戦略を理解しなければ、取り組むべき仕事も、経営資源の優先的な配分もわかりません。

ですから、共通言語としての企業理念や方針・戦略を、業務に翻訳できるようにしておきましょう。

管理者の仕事

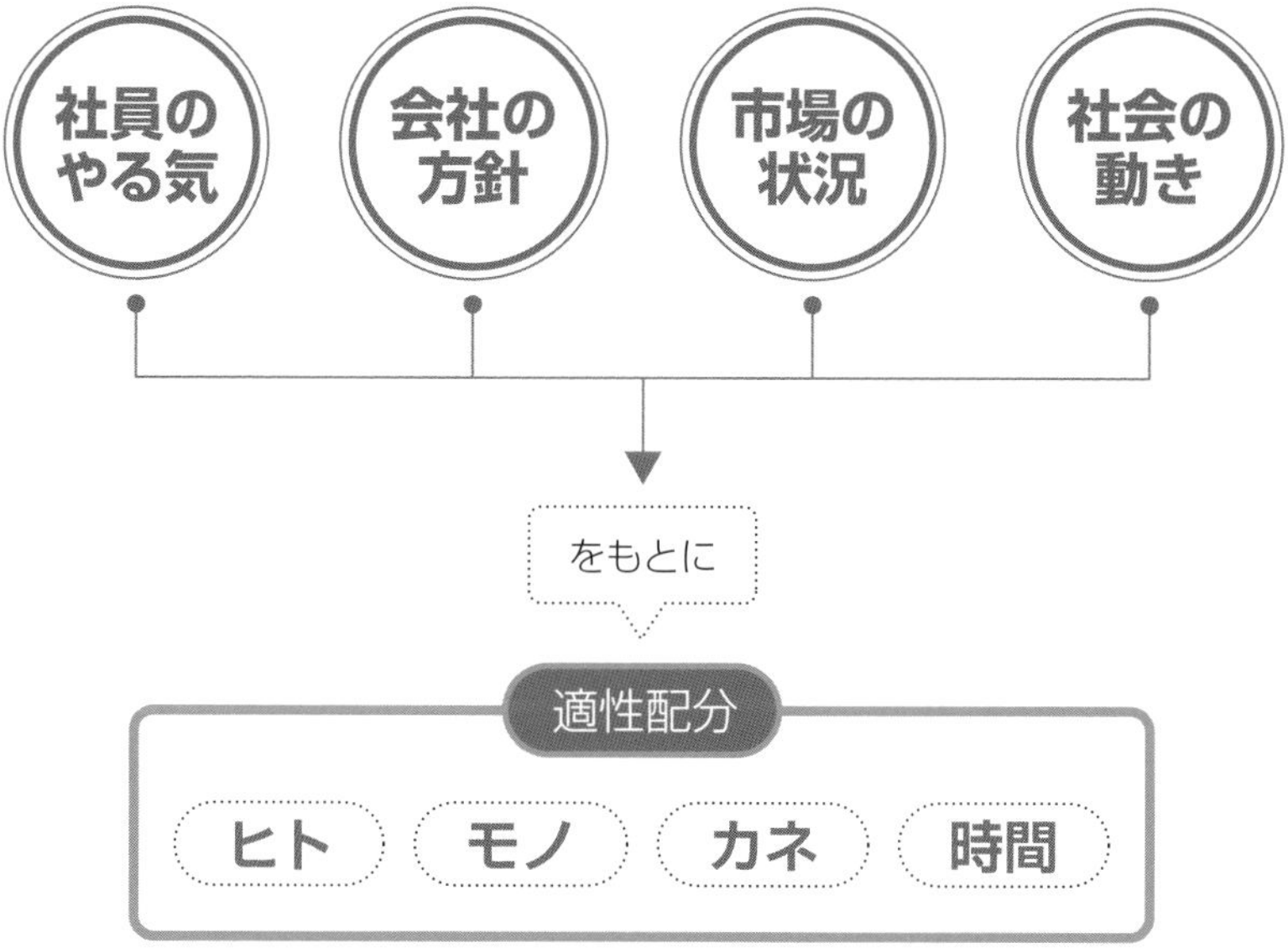
社員のやる気
会社の方針
市場の状況
社会の動き
をもとに
適性配分
ヒト
モノ
カネ
時間

存続のための将来のこと
&
現在の利益

このバランスをとるのが管理者の仕事

参照

『現代の経営』（ダイヤモンド社）

人こそビジネスの源泉

ノウハウを持つ人そのものが事業である

適材・適所・適時・適価・適量

モノやカネは、自動機械ではありませんので、自ら増殖することはありません。これらのものにノウハウを適用して利益に替えられるのは、人だけです。それが、「企業は人なり」と言われている理由です。

人の活用に関しては、「適材適所の配置」が重視されます。しかし、今日のような厳しい経営環境下においては、それだけでは不十分です。

ですから、「必要な人を」「優先順位の高い場所に」のあとに、「**必要な時に**」「**その仕事にふさわしい賃金で**」「**必要な人数だけ**」をつけ加えてください。

これらを可能にするのが、教育訓練であり、他企業との提携であり、派遣社員や専門家の活用なのです。

知識労働者には目標管理を

普通の管理者であれば、肉体労働者が、どれくらい一生懸命働いているかを見極めるのは、むずかしいことではありません。

しかし、頭の中が仕事場（たとえば、研究開発・企画業務など）である仕事の人たちは、目の前にいても働いているかどうかわかりません。

これからの管理者は、このような職種の人たちのマネジメントが重要になってきます。

そのためには、潜在能力・経験・地位・過去の実績を評価するのではなく、「目標管理」によって評価・育成する以外にありません。

ですから、「目標管理」の本質・仕組み・運営方法を理解する必要があるのです。

人こそビジネスの源泉

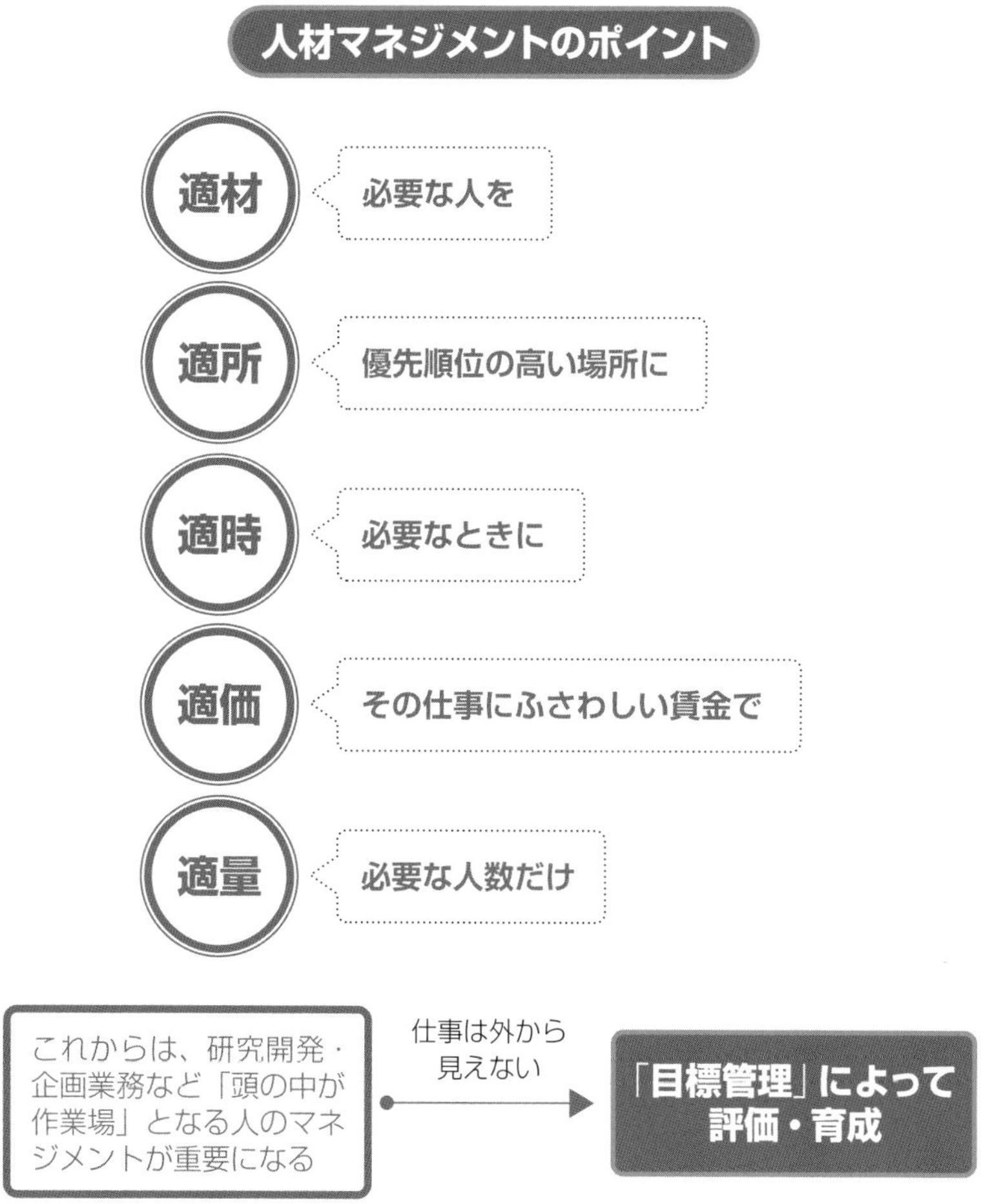
人材マネジメントのポイント
適材
必要な人を
適所
優先順位の高い場所に
適時
必要なときに
適価
その仕事にふさわしい賃金で
適量
必要な人数だけ
これからは、研究開発・企画業務など「頭の中が作業場」となる人のマネジメントが重要になる
仕事は外から見えない
「目標管理」によって評価・育成

参照
『現代の経営』（ダイヤモンド社）

意思決定とは何か

経験と勘だけでなく、ルールにそって行うもの

正しい妥協をさぐる方法

やるべきことが複数ある場合、そのなかから「やるべきこと」と「やらないこと」を決めるのが意思決定です。

また、やるべきことが一つでも、「やるか、やらないか」の選択肢があります。こうしてみると、ほとんどの階層、さまざまな状況下で、日常的に意思決定がされているのがわかります。

意思決定のなかで、ときにはやむをえず妥協しなければならない場面もあります。

しかし、何が正しいかがわからなければ、正しい妥協もできません。ですから、**最初にすべきは正しい質問です**。それから、正しいと思われる結論を出すことです。

ところが多くの場合、はじめから「上司に受け入れてもらうこと」を基準に意思決定しがちです。しかし、これは間違った意思決定です。

はじめから上司の顔色をうかがい、上司のお気に入りの答えを出そうとすると、妥協に妥協をかさね、本来の目的を見失った意思決定をする可能性が大きくなります。

意思決定の手順

さて、実際の手順ですが、（1）問題を分類し、（2）意思決定の目的を確認し、（3）複数の解決策を出し、（4）実行手段に落とし込み、（5）徹底的に実行し、（6）結果を評価して次の行動に活かします。

通常は、意思決定というと（4）までで終わっています。たしかに、決定のプロセスだけを考えると、これで十分のようにも思えます。

しかし、何のための意思決定かを

意思決定とは何か

意思決定の手順

(1) 問題の分類
(2) 意思決定の目的を確認
(3) 複数の解決策
(4) 実行手段への落とし込み
(5) 徹底的に実行
(6) 結果を評価

- **誰が正しいかではなく、何が正しいかで判断する**
- **「上司に受け入れてもらうこと」ではない!**
- **複数の代替案**(違う視点)**で検討する**
  (意見の対立を活用する)

参照
『現代の経営』(ダイヤモンド社)

考えると、(5)(6)の重要性がわかってきます。意志決定は、どのように行動するかを決めるために行うのですから。

ところで、物体を別の角度から見ると、まったく違うものに見えることがあります。

同じように、意見の対立を必要とするのは、違う視点で見ることで、問題や課題解決の本質に迫ることができるようになるからです。

ですから、意思決定を行うときには、かならず複数の代替案のなかから選ぶようにしてください。

Drucker

企業文化

運営力を決定する要因

徹底する社風を創る

業績を左右する要素には、「何をするか」（戦略）、「どのようにするか」（仕組み）、「どれくらい徹底するか」（運営）があります。その「どれくらい徹底するか」を決めるのは企業文化（社風）です。

この徹底には、目標の達成もありますが、法律や規則の順守も含みます。

中途半端で何かをやり遂げることはできません。たとえば、筆者は「頭が悪い」「感性が鈍い」「集中力がない」「要領が悪い」「あきらめが悪い」という欠点を持っています。

しかし、あきらめが悪い（途中で投げ出せない＝できるまでやり抜く）性格で、中小企業診断士試験は6回目で合格、出版企画は5回目で採用になり、最終的には目標を達成しています。

そうした習慣（企業では文化）が人並み以上の成果をもたらしています。

また、無難な仕事を許す企業もありますが、無難とはチャレンジしないと同意語です。**今日のような変革期では、もっとも危険な発想が「無難」なのです。**

評価を賃金・昇進に反映させる

良い企業文化を築くのは「評価」です。良い行動は褒め、悪ければ叱る。ごく当たり前のことです。

それを口先だけでなく、人事と報酬に反映させることです。口先だけの称賛も叱責も、良い企業文化を創るうえで何の役にもたちません。

褒められた人より、叱られた人の方が昇進したり、給料が高かったりすると、真面目に働くことがばかばかしくなってしまいます。

企業文化

何をやるかを決めるのは『**経営戦略**』
どこまで徹底してやるかを決めるのは『**企業文化**』

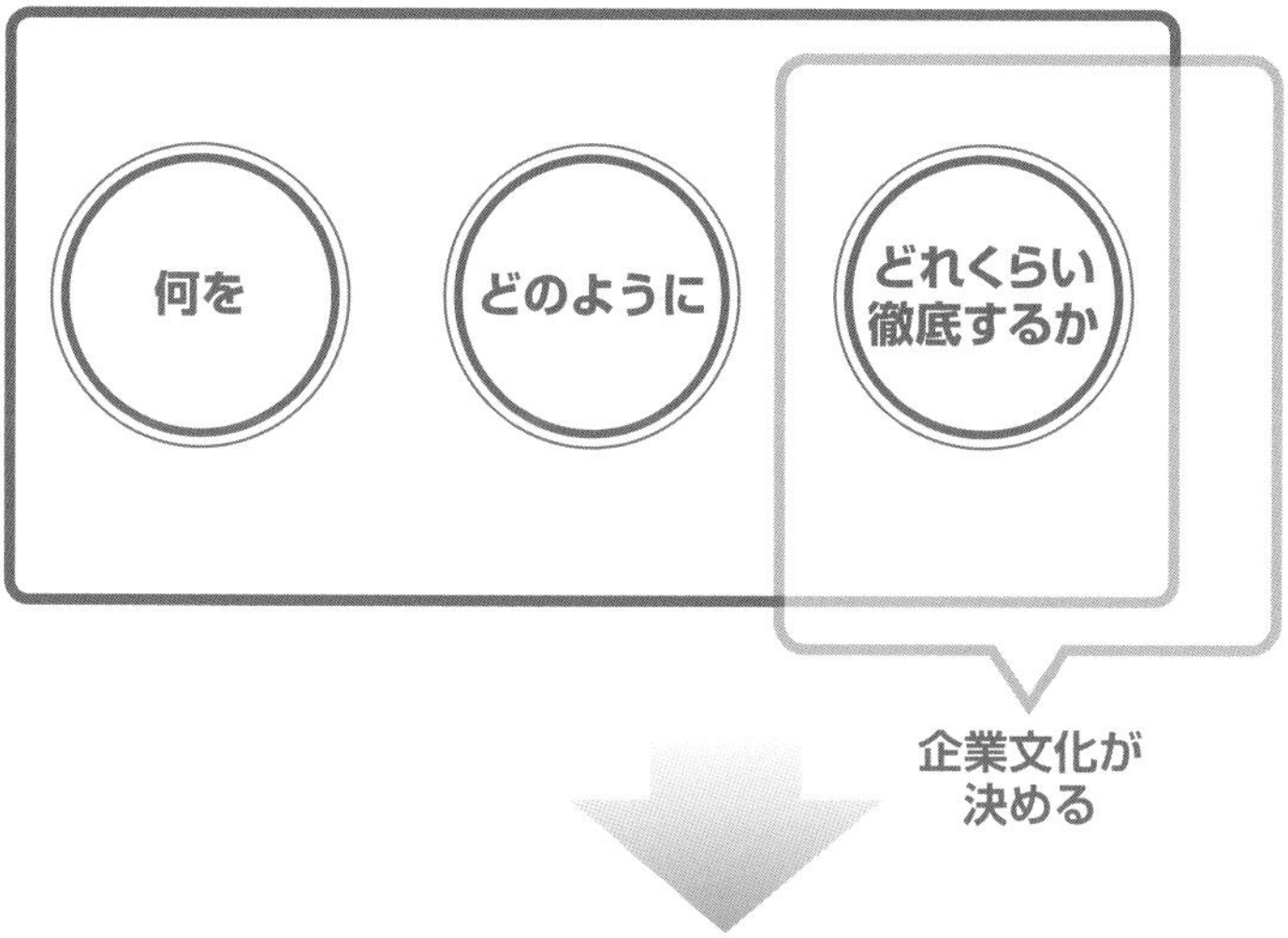
何を
どのように
どれくらい徹底するか
企業文化が決める

「評価」で築き上げる！
・・・よい行動は褒める。悪い行動は叱る
・・・人事・報酬に反映させる

参照

『現代の経営』（ダイヤモンド社）

Drucker

強みによる人事

その人の弱みには目をつぶり、強みを発揮させる

万能な人はいない

「企業は人なり」ですが、その人の弱みからは、何の利益も生み出すことはできません。せいぜいコストが発生するくらいでしょう。

たとえば、昨年、現役を引退した元プロ野球オリックス球団の清原和博氏に、バットではなく、営業カバンや電卓を持たせていたとしたら、いくら稼げていたでしょうか?

おそらく、現役時代の億単位の収入には程遠く、数千万円にも届かなかったのではないでしょうか?

清原氏が、英語や数学、物理や化学ができなかったとしても、目をつぶることです。プロ野球選手としての仕事には、直接、関係ないからです。

彼を使った歴代の監督は、野球選手にとって大きなマイナス要素である足の遅さでさえ我慢して、彼の強みであるバッティングで仕事をさせたのです。

そうした意味では、多少の酒乱、多少の遅刻など、貢献との比較で許してあげましょう。そして、**他の社員への悪影響をなくすのが上司の仕事**と認識しましょう。

強みを知るチェック項目

実際に配置するときは、(1)彼が良くやった仕事は何か、(2)彼が良くやれそうな仕事は何か、(3)彼がより良い仕事をするために何を身につけなければならないか、を問うことです。

そして、その職務範囲は、チャレンジ精神が発揮できるように、彼の顕在能力よりも、少し多くのものを要求することです。

強みによる人事

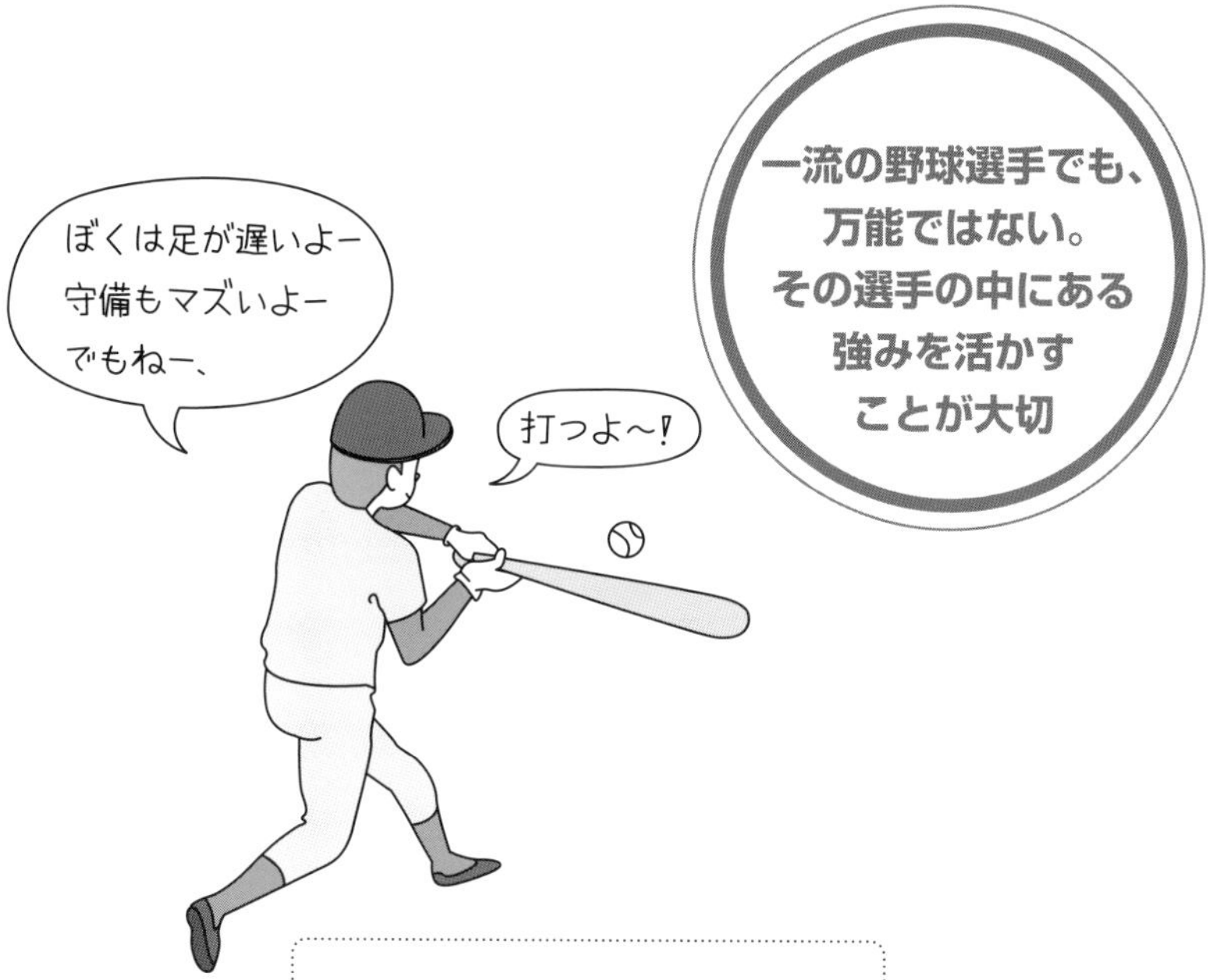
ぼくは足が遅いよー
守備もマズいよー
でもねー、
打つよ～！
一流の野球選手でも、
万能ではない。
その選手の中にある
強みを活かす
ことが大切

強みを知るには・・・

（1）彼が良くやった仕事は何か？
（2）彼が良くやれそうな仕事は何か？
（3）彼がより良い仕事をするために何を身につけなければならないか？

参照
『現代の経営』（ダイヤモンド社）

事業を評価する5つの手法

利益だけでは事業を評価することができない

健全経営のための評価指標

事業を適性に評価するためには五つの物差し（評価指標）が必要になります。

【市場での事業の地位】：市場の成長率より、自社の成長率が低いと、やがて限界的な存在になってしまいます。

【イノベーションの成績】：どのような商品や販売ルート、業務フローにも寿命があります。ですから、既存の商品が売れている間に、次の商品の準備をしなければなりません。

【生産性】：生産性の向上が伴わない事業規模の拡大は、「成長」ではなく「膨張」にすぎません。

【流動性とキャッシュフロー】：資金の流れが遅くなったり、量が少なくなったりすると、動脈硬化や貧血（資金不足）になります。

【収益性】：企業が大きくなると利益率が低下するという発想は、間違いです。欧米では、売上げが数兆円になっても、経常利益率一〇％を確保している優良企業はたくさんあります。

まずは指標で目標設定をしてみる

事業の地位で「成長性」を、イノベーションで「継続可能性」を、生産性で「効率」を、流動性とキャッシュフローで「安全性」を、収益性で「事業の有効性」を測定することができます。

これらの一つを犠牲にして、他の項目を改善したとしても、中長期的には健全性を失います。

健全経営には、バランス感覚を必要としますので、御社の経営にも、ぜひ、これらの指標を取り入れてみてください。

事業を評価する5つの手法

市場での事業の地位（シェア）	成長性
イノベーションの成績	継続可能性
生産性	効率
流動性とキャッシュフロー	安全性
収益性	事業の有効性

参照

『現代の経営』（ダイヤモンド社）

Drucker

コミュニケーション

前提を知り、原則を踏まえなければ成立しない

コミュニケーションの成立要件

コミュニケーションは、人体でいえば神経系統ですから、この感度が鈍かったり断絶したりしていると組織として機能しません。

コミュニケーションの本質を理解したうえで、機能を高めてください。

【受け手の認識】：コミュニケーションは、受け手に受け入れられて、はじめて成立します。ですから、受け手にわかる言葉で話してください。

【受け手の期待】：人は期待することしか受け入れません。日頃から部下に顧客や業績に関心を持ってもらえるように働きかけることです。

【受け手への要求】：コミュニケーションは、受け手に「何かをしてもらいたい」から発します。ですから、「わかってくれるだろう」などのあいまいさは排除してください。

【コミュニケーションと情報】：コミュニケーションは主観的なものです。一方の情報は客観的であればあるほど有効になります。二つは別ものですが、前提となる情報を共有できなければ、コミュニケーションは成立しません。

経営情報を共有しましょう

会社の方針・戦略・利益・状況、本人に期待することや実際の評価など、**仕事に必要な情報を常に発信し続ける必要があります。**

それは、部下が望むからではなく、情報を提供することが上司の成果につながるからです。部下に経営者意識や管理者意識を求めるならば、それに必要な情報を提供することです。

コミュニケーション

3つの要件
受け手の認識
受け手の期待
受け手への要求
客観的な情報
コミュニケーション
成立！
経営情報の共有
常に発信し続ける

参照
『現代の経営』（ダイヤモンド社）

リーダーシップ

成果を上げるリーダーは、「やるべきことをやっている」

やるべきことを当たり前にやる

リーダーシップには、「資質論」あるいは「カリスマ論」というのがありますが、先天的な資質だけで決まるならば、努力する意味がなくなってしまいます。

しかし、実際のリーダーには、さまざまなタイプの人がいます。そうしたなかで、**成果を上げるリーダーに共通しているのは、ただ一つ、「やるべきことをやっている」ことです。**徹底的に考えて計画を立て、徹底的に実行し、しっかりと評価している点です。

つまり、優れたリーダーは、やるべきことを日常の仕事に落とし込んでいるのです。日常の仕事にまで落とし込んだことが達成可能になり、成果に結びつくからです。

リーダーシップを発揮するということは、リーダーの役割を認識し、それを確実に実行することです。

また、優れた能力を持つ人を見出したら、その得意分野でリーダーシップを発揮してもらうことです。

誰がリーダーシップを発揮して上げた成果であろうと、最終成果はリーダーの成果だからです。

そうした意味では、役職とリーダーをわけて考えることです。上司だからといって苦手なこと、分からないことまでリードする必要はありません。

努力は報われる

実際には、リーダーは「資質」×「体系的な学習」×「経験」です。どれか一つがゼロだとリーダーに不向きですが、ゼロでなければ他の要素のレベルアップでカバーすることができますので、努力する価値はあります。

リーダーシップ

参照
『現代の経営』(ダイヤモンド社)

モチベーション

やる気を起こさせるのは、口先ではなく仕組み

精神論だけで終わらせない

【人の正しい配置】：人が、もっとも活き活きとしているのは、好きな仕事か、貢献できる仕事をしているときです。そのようなときには、たとえ超多忙でも不満は出ません。

【高い水準の仕事】：こなす程度の仕事でやる気になることはありません。心に火がつくのは、チャレンジ性のある仕事をしているときです。

【自己管理に必要な情報】：経営環境や会社の決算内容、仕事の進捗状況や貢献度、ライバルの頑張り具合など、全体の中での自分自身の役割やまわりの状況、評価結果などの情報提供が、仕事への取り組み意欲を高揚させます。

【決定への参画】：人は、納得して取り組むときにやる気を出します。もっとも納得するのは自分の意見が反映されたときです。また、自分自身の意見には反対しないので、決定の場に参加させると運営もスムーズにいきます。

以上述べた四つの要素がそろったときに、人はやる気になるのです。

社員には貢献する責任を求める

やる気を出させる手段に「社員満足」をあげる企業があります。しかし、社員満足は動機づけになりません。満足感には個人差がありすぎるからです。

企業として、社員に求めるべきなのは、「満足」ではなく「仕事への責任」です。

責任を果たすことによって得られる満足が、「やりがい」「働きがい」になるのです。企業の目的・役割から動機づけを考えましょう。

モチベーション

やる気にさせる仕組み

●適性な配置
人がもっとも活き活きとしているのは、好きな仕事や、貢献できる仕事をしているとき。

●高い水準の仕事
心に火がつくのは、チャレンジ性のある仕事をしているとき

●自己管理に必要な情報
進捗や評価、取り組み度合いなどの情報が意欲を向上させる

●決定への参画
人は納得して取組むときにやる気を出す

求めるものは、仕事への責任

参照
『現代の経営』（ダイヤモンド社）

会議を意味あるものにする

目的を明確にし、出席者に貢献を要求する

会議にもルールがある

御社でも会議を開催していると思いますが、そのコストを考えたことがありますか?

一〇人で一時間の会議をすれば二万五千円(一人あたりの年間平均人件費五百万円として)かかっています。**毎週開催すれば、人件費だけでも年間百二十五万円になります。**

ですから、会議は意味あるものにしなければならないのです。

【会議の目的を明確にする】:「情報の伝達」「情報の共有」「何かの決定」などによって、事前準備も進め方も異なってきます。

【司会をしながら意見を述べない】:よくある会議の光景ですが、司会者である社長や部門長が熱弁をふるい、他の参加者は黙ってそれを聞いている。そのあげく、会議の主催者は、「誰も発言しない」と嘆いています。

そのような会議からは、ほとんど成果は上がりません。意見をぶつけ合い、質問し合う環境を整えましょう。

【最初から貢献に焦点を合わせる】:目標を明確にすると、導き出す答えの範囲とレベルがはっきりします。その答えを導き出すことに貢献するよう参加者に求めることです。

必要な人だけで会議を行う

会って議論を交わすのが会議です。ですから、情報の共通化が目的の会議ならば別ですが、何かを決める会議に、発言をしない人を参加させる必要はありません。

そのような人は、参加しても無駄ですから別の仕事をさせておき、決定事項を伝えるだけで十分です。

会議を意味あるものにする

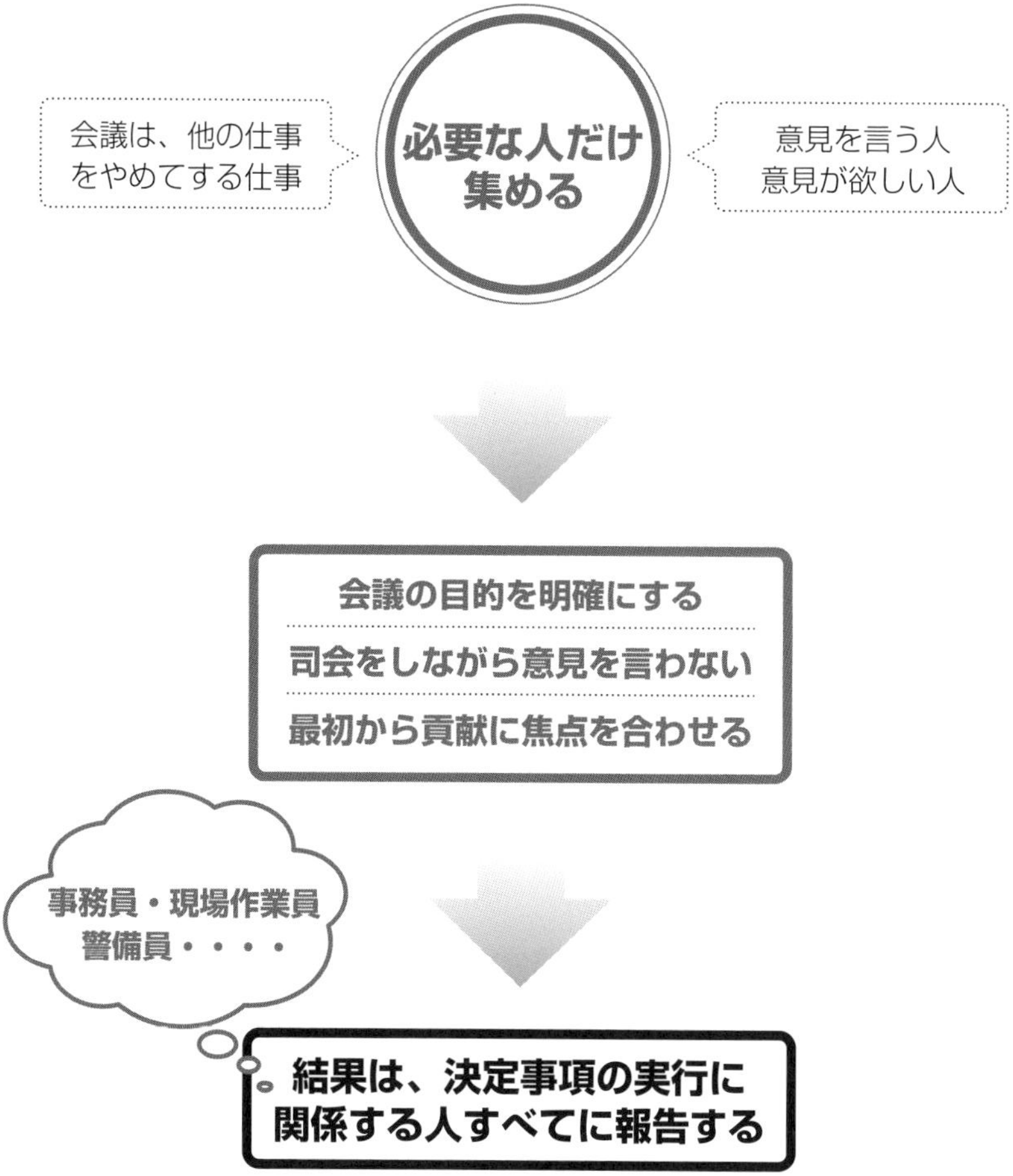
会議は、他の仕事
をやめてする仕事
必要な人だけ
集める
意見を言う人
意見が欲しい人
会議の目的を明確にする
司会をしながら意見を言わない
最初から貢献に焦点を合わせる
事務員・現場作業員
警備員・・・・
結果は、決定事項の実行に
関係する人すべてに報告する

参照

『現代の経営』(ダイヤモンド社)

Drucker

第 8 章

イノベーション

変革の起こし方

イノベーションとは何か？

社会発展のために、経済的な変化をもたらす仕事

企業存続の必要条件

【社会に良い影響を与えるもの】：イノベーションを、「最終的に、社会に良い影響を与える改善・革新」と定義します。

ですから、社内の組織変更や仕組みの変更、業務フローの変更など、結果として自社の利益や、価格の引き下げにつながるものもイノベーションの範囲とします。

【企業の責務は創造的破壊】：社会を発展させるためには、企業自身が発展しなければなりません。

そのためには、自ら行っていた仕事を不要にしたり、それまでのやり方を時代遅れにしたりすることが必要になってきます。それが「創造的破壊」です。

【目的意識を要する】：偶然にイノベーションが起こることもありますが、企業であるかぎり、偶然に頼るのは常に間違いです。

ですから、経営の基本が計画・実行・評価である以上、**イノベーションも仕事として、計画的に起こしていく必要があります。**

イノベーションが当然の会社に

業績を上げることが必要であるのと同じように、「イノベーションを起こすことが必要」なことを、全社員に周知徹底することです。

また、現状維持の発想でイノベーションを起こすことはできません。イノベーションは「あるべき姿」から起こすものです。

したがって、「あるべき姿」を社員と共有する必要があります。

ドラッカーは、このイノベーションの機会となる源泉について述べています。次項から見ていきましょう。

イノベーションとは何か?

参照

『イノベーションと企業家精神』(ダイヤモンド社)

イノベーションの源泉：予期しない成功

偶然に見つかったチャンスを活かさない手はない

偶然を仕組みに変える

何事にも予想外のことが起こります。それを結果オーライ、結果アウトで済ませてしまえば、人や企業の成長はありません。

予期しない偶然の成功を、反復可能な仕組みに変えることは、もっともリスクが少なく、かつ、容易なイノベーションの源泉なのです。

予期しない成功は、経営環境の変化の兆しです。問題はそれが何の兆しであるかを知ることです。

また、予期せぬ成功を仕組みに転換するためには、分析が必要になってきます。

さらに、予期しない成功はニーズの変化であり、新しいニーズの出現です。それは、現在の事業の在り方や、その基盤となっている技術・市場を、「どう変えるべきか」「どう取り込むか」との市場からの問いかけです。

反対に、現在の市場や商品が、やがて売れなくなるサインかもしれないのです。そうしたサインを、軽く扱うことは許されません。

真剣に取り組む

チャンスはめったにやってくるものではありません。せっかく来たチャンスを、「どれだけ真剣に受け止め」「仕組みに変え」「推進するか」が、企業の盛衰に大きな影響を与えることになります。

また、ビジネスチャンスは社会の不満・不足・不便ですから、対応できるチャンスはどこにでもあります。

企業の寿命（盛衰）は、こうしたチャンスへの「真剣な取り組み」に正比例しています。

イノベーションの源泉：予期しない成功

こんな接着剤は
失敗作だ！
はって はがせるって
スゴくないですか？

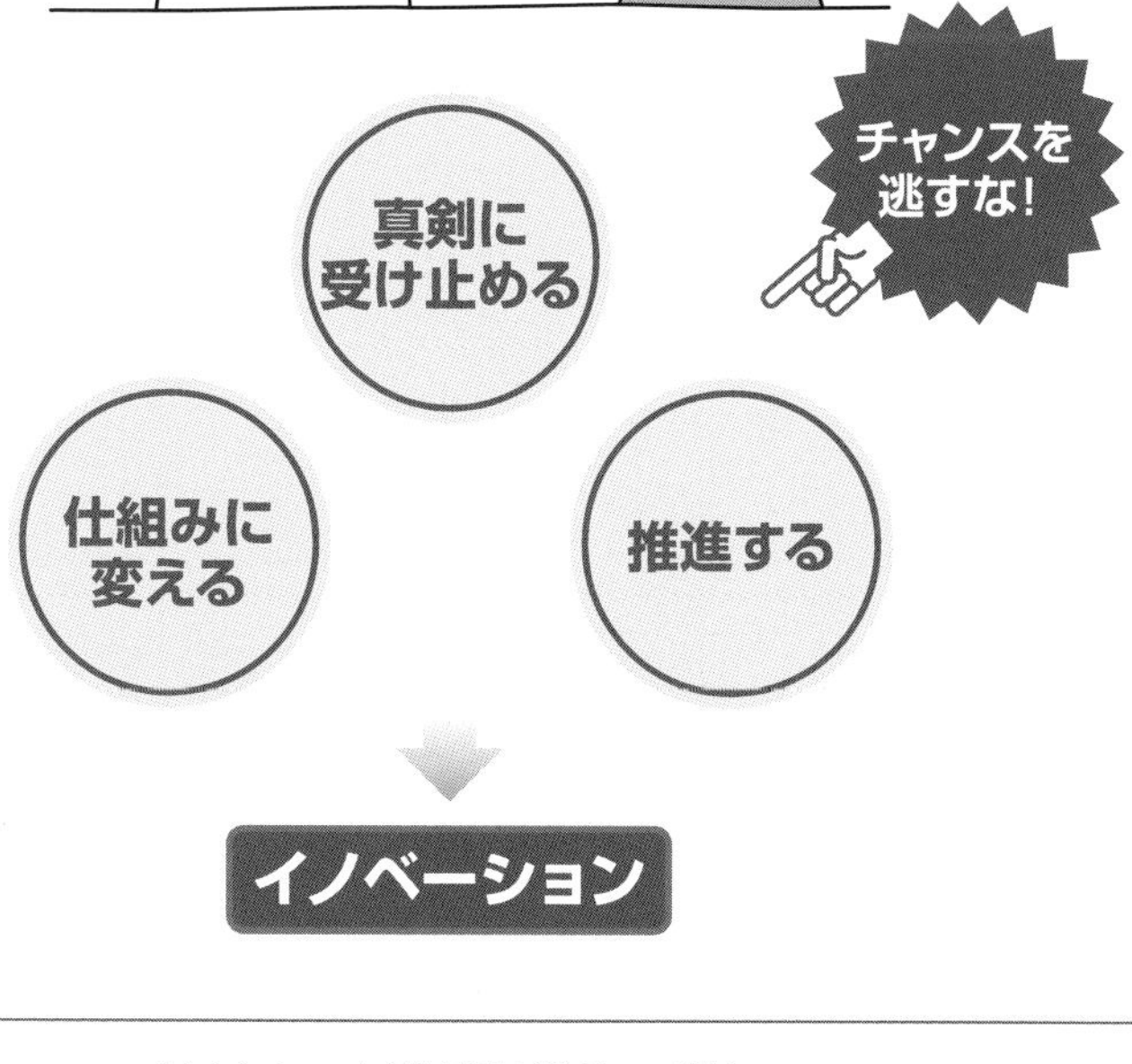
チャンスを
逃すな！
真剣に
受け止める
仕組みに
変える
推進する
イノベーション

参照

『イノベーションと企業家精神』（ダイヤモンド社）

イノベーションの源泉：予期しない失敗

ニーズの変化。既存の商品が売れなくなる兆し

失敗も蜜の味

今まで売れていた商品の売上減少や、うまくいっていたイベント・販促が失敗したのは市場の変化を示しています。商品・流通ルート・販促などが、市場や顧客の現実から離れているのかもしれません。

「正しいのは自分で、間違っているのは市場や顧客だ！」では、ビジネスは成立しません。

この場合、市場が要求しているのは、ニーズの変化への対応です。改善程度で済むのかもしれません。あるいは、抜本的な革新が求められているのかもしれません。

また、**ライバルの失敗も、重要なサンプルや実験としてとらえましょう**。競争相手が、わざわざ高い代償を払って、御社に市場の変化の情報を提供してくれているのですから、これほどありがたいことはありません。

そのような変化への対応は、社内で考えていても、良いアイデアは浮かんできません。その変化が発生しているところに行くことです。事実を知るのは、**現場**に出て、**現物**に接し、**現実**を知ること以外にありません。

市場の変化は、いつのときも会議室で起こっているのではなく、現場で起こっています。しかし、その現場は意外と身近にあるものです。

失敗を分析する視点

失敗にふたをしてはいけません。同じ失敗を繰り返さないためにも、しっかりと分析することです。

その際、原因が「間違いか」「不足か」「タイミングのズレか」の視点で分析するとわかりやすくなります。

イノベーションの源泉：予期しない失敗

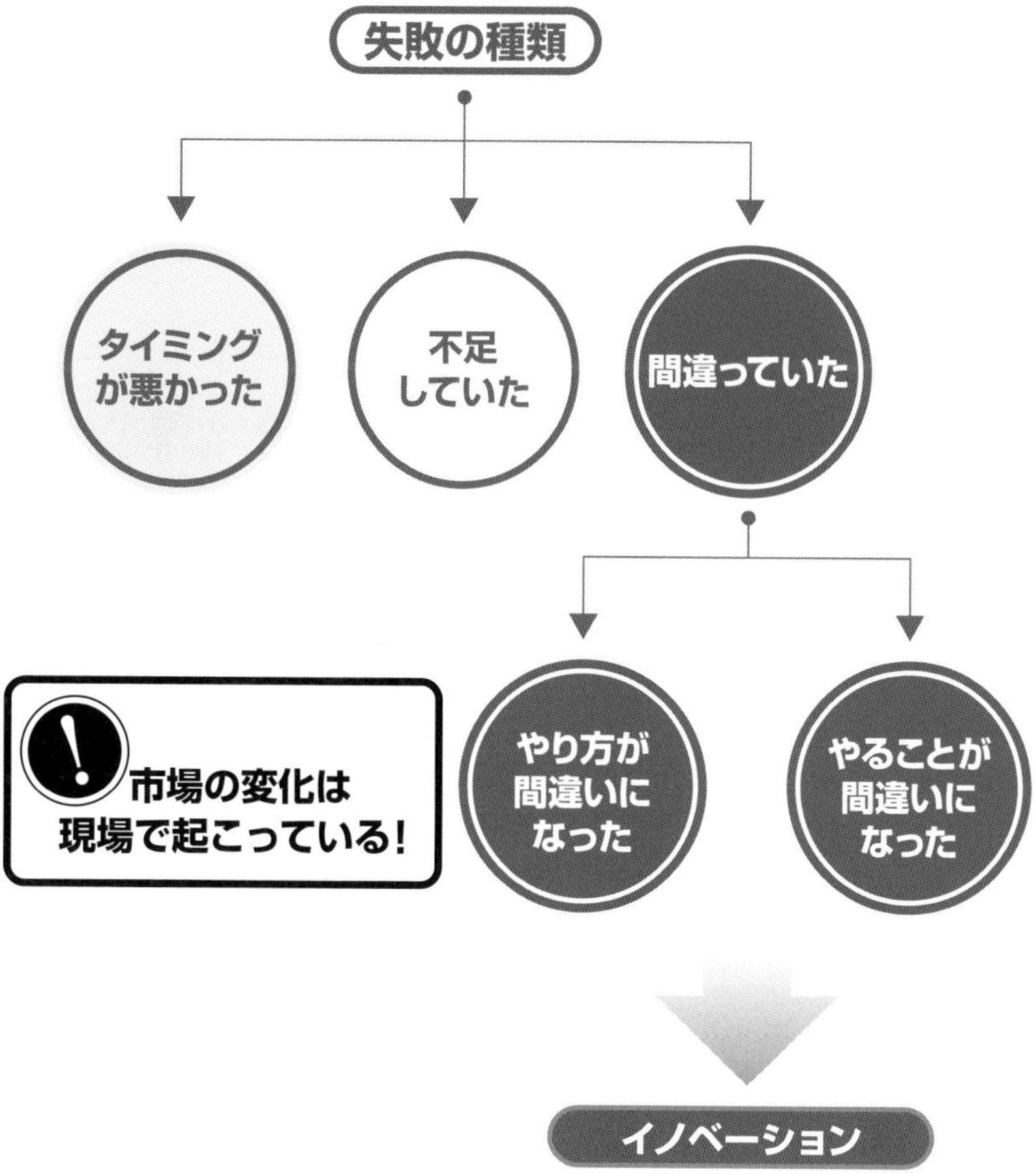
失敗の種類
タイミングが悪かった
不足していた
間違っていた
やり方が間違いになった
やることが間違いになった
市場の変化は現場で起こっている！
イノベーション

参照
『イノベーションと企業家精神』（ダイヤモンド社）

イノベーションの源泉：調和しないもの

ミスマッチの是正が商品やサービスになる

四つの不調和

イノベーションの源泉になる不調和は四種類あります。

【あるべき姿と現実との不調和】：成果とヒト・モノ・カネが調和していない企業がなんと多いことでしょう。選択と集中の法則である「80：20の法則」があてはまります。

【需要と供給の不調和】：これまで順調に推移していた事業で、利益があがらなくなれば、需要と供給の間で、なんらかの不調和が発生したとみるべきです。

【通念と現実との不調和】：常識とされていたことが間違いだったとき発生する不調和です。

かつての運輸業は、運送の効率化を図る手段は走行・運航速度を上げることとされていました。しかし、実際は、荷物の積み下ろしだったのです。これに気づいた人が、積み下ろしの時間短縮のためにパレットやコンテナを発明しました。

【消費者の価値観との不調和】：「顧客が～あるべき」は、企業側の傲慢さ・硬直さ・独断の証です。

したがって、顧客と認識が不調和になったときには、自分の方が間違っていると考えるべきです。

ズレを見つける

かつては正しくても、**「変化」あるいは「劣化」によって、調和していたものがズレてくる**ことがあります。これはイノベーションのチャンスです。

やっていることに過不足なく、タイミングも合っているのに売上や利益が減少してきたら、やっていることが間違ってきたと判断してください。

イノベーションの源泉：調和しないもの

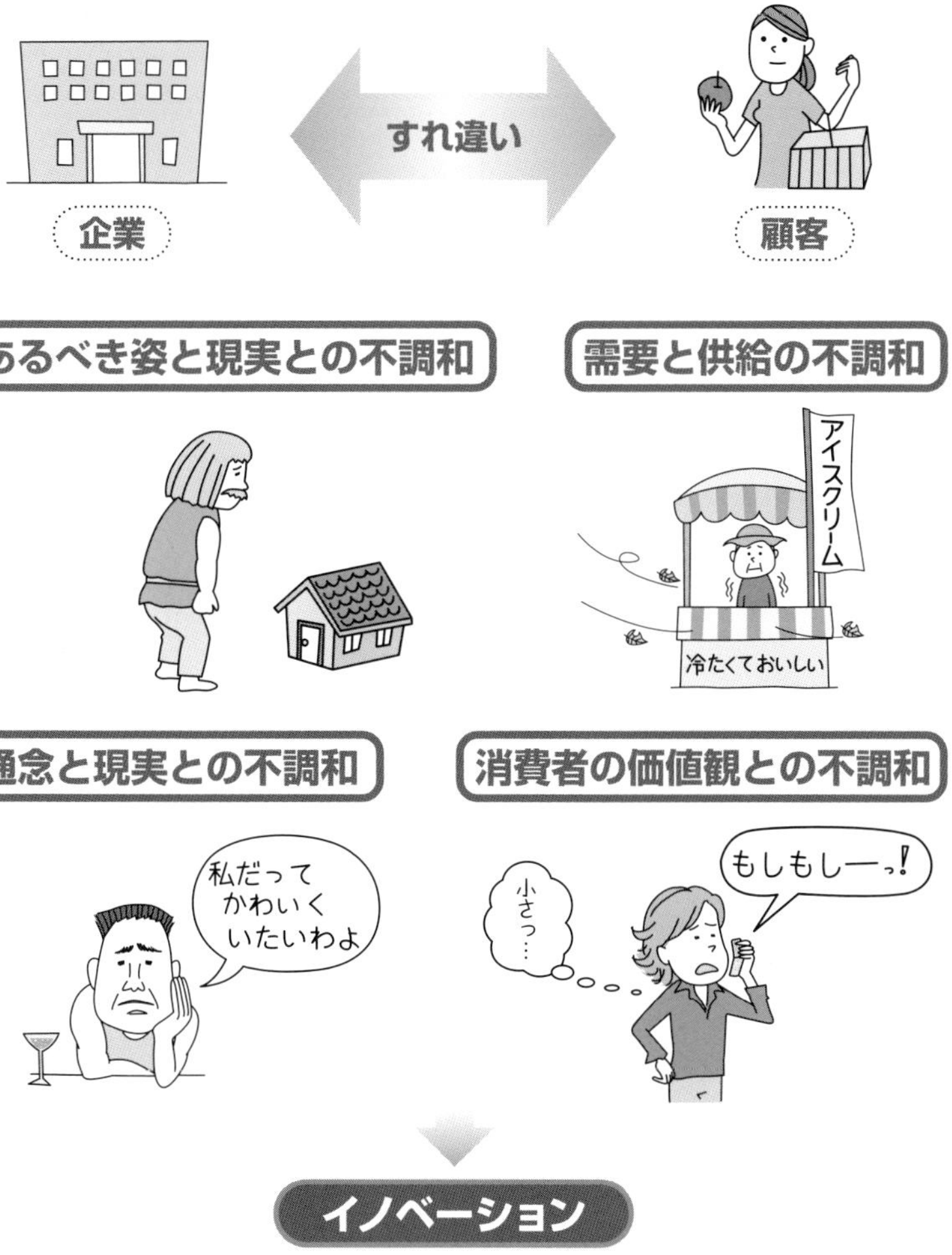
すれ違い
企業
顧客
あるべき姿と現実との不調和
需要と供給の不調和
アイスクリーム
冷たくておいしい
通念と現実との不調和
消費者の価値観との不調和
私だって
かわいく
いたいわよ
小さっ…
もしもしー っ！
イノベーション

参照
『イノベーションと企業家精神』（ダイヤモンド社）

イノベーションの源泉：プロセスニーズ

プロセスで欠けているものを見つけて対応する

もっとも弱い部分を探す

良いプロセスは流れがスムーズです。しかし、何かが欠けているとひずみが生じ、ぎくしゃくしています。

たとえば、クリーニングに出したい一人住まいの人には、出勤や帰宅する時間帯に、クリーニング店が営業していないことが不満の種です。

また、クリーニング業界は、全体の売上が減少の一途をたどっていることが不安でした。

そこで、深夜まで集荷配達する「宅配クリーニング業者」が誕生しました。「洗濯物を出したいけど時間が合わない顧客」と「売り上げが落ちているクリーニング店」との間にあった欠陥を「深夜までの集配の仕組み」で解消したのです。

この業態は、クリーニング業全体の売り上げが落ちていく中で、順調に業績を伸ばしています。

プロセスニーズのイノベーションを成功させるためには、（1）ニーズが具体的であること。（2）プロセスの中の欠陥が一つだけあること。事例の場合は、「集配時間」でした。（3）社会の受け入れ態勢が整っていることです。事例の場合は、洗濯に出せずに困っていたのですから、受け入れ態勢は整っていました。

自社を顧客に合わせる

宅配クリーニング事業が成功したのは、**顧客のライフスタイルに企業が合わせた**からです。

顧客が企業に合わせるケースはありません。あるとすれば、本当に顧客にとって良い提案を、わがままな顧客に受け入れてもらえるようなときだけです。

イノベーションの源泉：プロセスニーズ

何かの「ひずみ」
うまくいかない理由
ギクシャク
ブラック
ボックス
イノベーション

自社を**顧客に合わせる姿勢**が大切!

参照
『イノベーションと企業家精神』（ダイヤモンド社）

イノベーションの源泉：産業構造と市場構造の変化

変化にはすき間が生じ、チャンスになる

すき間を探す

建物や組織構造などは、作ってしまうと長期固定的になりがちです。しかし、固定が安定ではありません。

船が転覆しないのは、波に合わせて揺れるからです。また、耐震構造の高層ビルが崩壊しないのは、地震の揺れを吸収するように動くからです。

固定電話は、電電ファミリーと言われた日本電気・富士通・岩崎通信などの通信機メーカーの独壇場でした。

しかし、今日、携帯電話のトップは、弱電メーカーであるシャープ、ソニーです。それは、産業構造が変わったからです。

また、ハイブリッドの「プリウス」を有して、その分野で一人勝ちしているトヨタ自動車は、電気自動車の開発を本格化しています。市場構造が変わるからです。

また、書籍をもっとも販売しているのは、一部の大型書店を除くと、セブン‐イレブンやアマゾンなどです。市場構造が変わったからです。

このような構造の変化は、既存の産業・既存の市場以外の企業に、新規参入のチャンスをもたらしてくれます。

変化を恐れない

産業構造や市場構造の変化は、自らを変えたくない企業や人にとっては「恐怖」であり、「困ったこと」です。

しかし、変化を苦にしない人たちにとってはビッグチャンスです。

変化は、「困ったもの」としてではなく、「異質なもの」としてとらえ、積極的にチャレンジしていくことです。世の中は変化が常であり、変化への対応が企業の役割なのですから。

イノベーションの源泉：産業構造と市場構造の変化

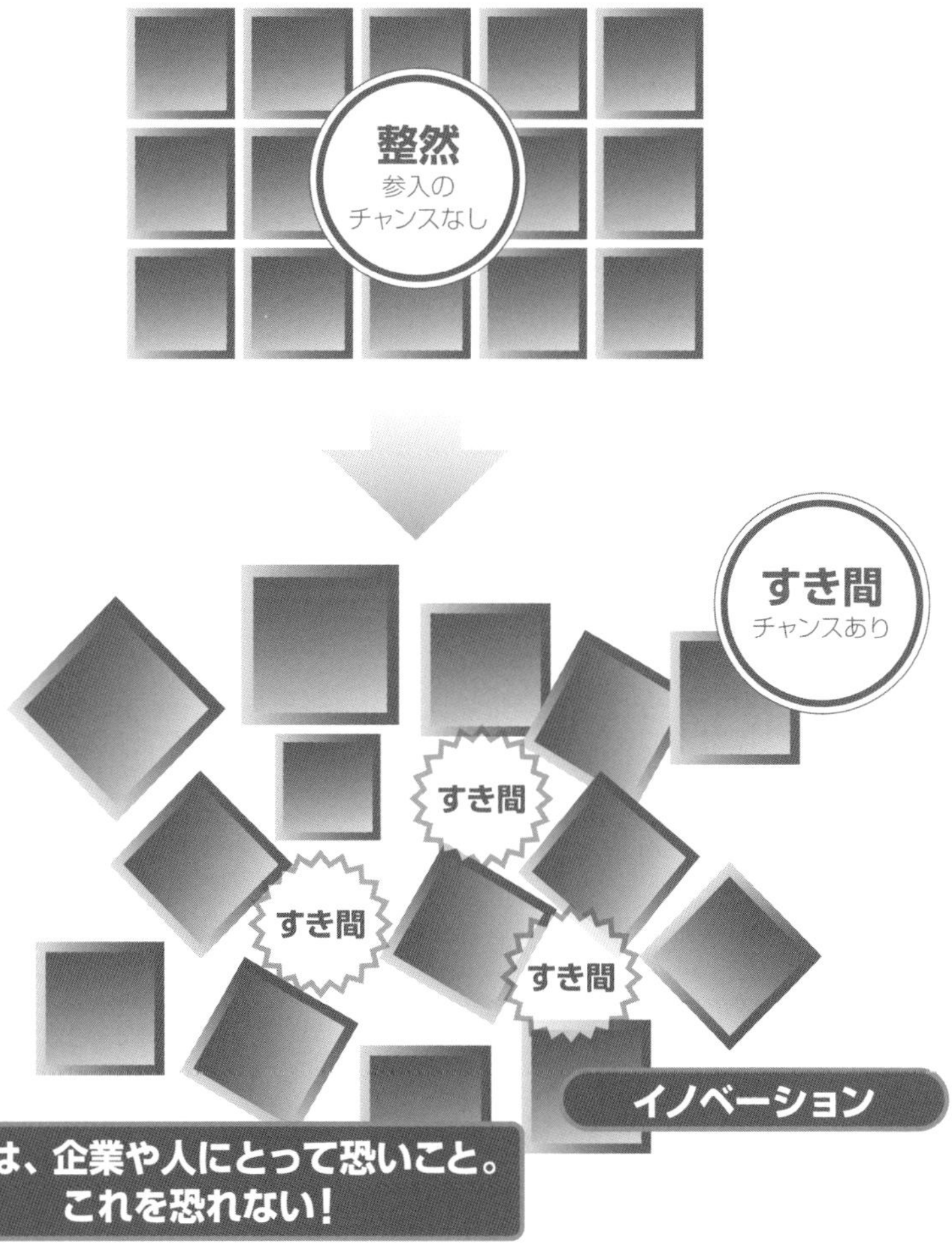
整然
参入の
チャンスなし
すき間
チャンスあり
すき間
すき間
すき間
イノベーション
変化は、企業や人にとって恐いこと。
これを恐れない！

参照
『イノベーションと企業家精神』（ダイヤモンド社）

イノベーションの源泉：人口構造の変化

市場に影響を与え、将来まで確実に読める要因

ビジネスの基本が人口構造

人口構造の変化とは、総人口の増減だけをさすのではなく、年齢構成や性別構成・雇用状況・教育水準・所得階層の変化すべてをさします。

人口構造の変化は、すべてに優先するイノベーションのチャンスなのですが、しっかりと認識している人は少ないようです。

社会は、人間を中心に成り立っていますので、その量的変化や質的変化により、需給構造のすべてが変わってきます。

しかも、将来のことは正確にわからない世の中で、**人口の増減だけは、数十年後まで、ほぼ確実に予測することができます**。

なかでも、市場を考える場合、年齢構成が大きな意味を持っています。

たとえば、二〇年後の二十歳の人口は、大災害や大量の移民でもないかぎり、今年生まれた赤ちゃんから、マイナス一％程度でしょう。

つまり、リードタイムまで明らかになるのです。これを利用しない手はありません。

十分な準備期間がある

就労人口の減少を見越して組織変更に着手するにも十分な時間があります。

たとえば、「パートから正社員化へ」「女性の登用」「高齢者の雇用」の本格化に向けての準備もできます。

あるいは、機械化の推進・海外への事務部門（総務や経理、コールセンター）のシフトなども、今から準備をはじめれば、本当に人手不足になるまでには十分余裕があります。

イノベーションの源泉：人口構造の変化

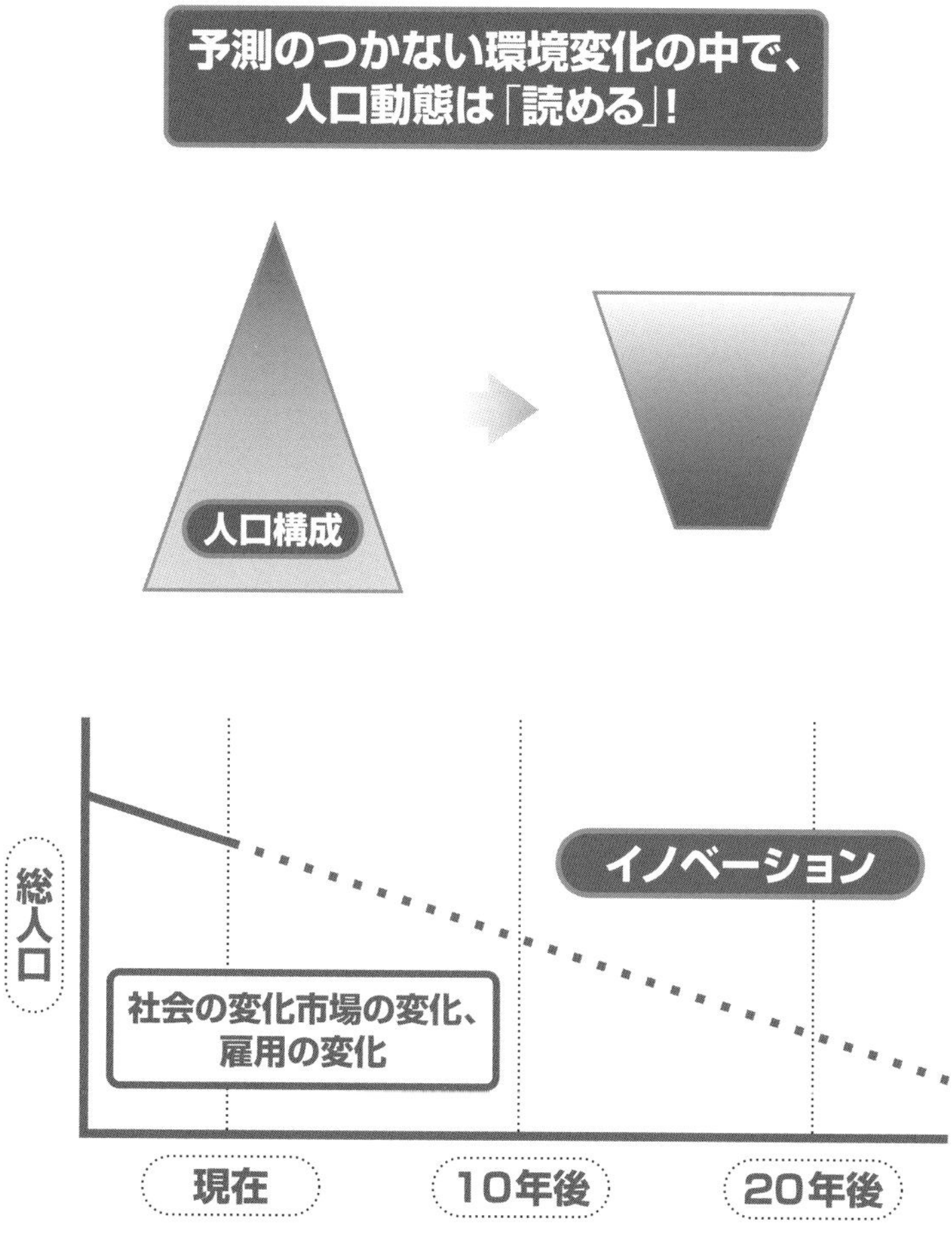
予測のつかない環境変化の中で、
人口動態は「読める」！
人口構成
総人口
イノベーション
社会の変化市場の変化、
雇用の変化
現在
10年後
20年後

参照
『イノベーションと企業家精神』(ダイヤモンド社)

イノベーションの源泉：認識の変化

考え方が変わると、チャンスが生まれる

社会の変化に注目しよう

ペットボトルに水が半分入っています。そのペットボトルに対して、「半分も入っている」から「半分しか入っていない」へ意識が変わったときが、イノベーションのチャンスです。

たとえば、「安全と水はタダ」と言われてきた日本です。現在でも、日本の犯罪発生率は、米国の半分、英国の四分の一と低いのですが、もう安全でないという認識から、セキュリティビジネスが伸びています。

一方の水ですが、ガソリンが高いと騒いでいますが、それでも自販機のミネラルウォーターは、ガソリンの半分の値段なのです。

日本の水道水を飲んで病気になることはありません。それでもミネラルウォーターが売れるのは、たんなる認識の変化です。

そうした変化をチャンスとしてとらえることができるものは、イノベーションに対する感性です。

小規模にはじめる

認識の変化をビジネスチャンスにするのは早い者勝ちです。

たとえば、ミネラルウォーターは、いち早くブランド力のある採集地を確保した者が勝ちです。でも、その認識の変化が、一時的かものか、恒久的なものかはわかりません。

ですから、**認識の変化をビジネスチャンスとして事業化するためには、小規模に、かつ、範囲を限定してスタートせざるを得ません。**

認識の変化をイノベーションのチャンスにするのは、手探りで暗闇を歩くようなものです。

イノベーションの源泉：認識の変化

認識を変えてみる
まだ、半分ある
もう、半分しかない
みんなガソリンが高いと言いながら、タダで手に入る水にお金を払って買っている
イノベーション

参照
『イノベーションと企業家精神』（ダイヤモンド社）

イノベーションの源泉：新しい知識

リスクが高く、利益があがるまで長時間かかる

リードタイムが長い

　コンピュータが発明されたのは、今から60年も前のことです。しかし、本格的に普及し出したのは、パソコンとなり、「ウィンドウズ95」が発売された1995年です。

　このように、新しい技術による商品は、一定のレベルに達するまで長い期間を経て、試行錯誤をかさねて普及していきます。

　しかも、イノベーションと言われるような商品は、一つの知識だけで、でき上がることは少ないものです。

　たとえば、飛行機はガソリンエンジンと数学（航空力学）の知識が合体してできあがったものです。

　また、コンピュータは二進法とパンチカードと三極管の知識が合体してできあがったものなのです。

　したがって、既存の技術を含めた知識を組み合わせれば、まったく新しい商品が開発できます。

目的と経営力の強化を

　新しい知識を使ってイノベーションを起こすには、イノベーションの位置づけを明確にすることです。飛行機は、「鳥のように空を飛ぶ」という目的でした。

　ただし、技術的な知識に基づくイノベーションを起こすのであれば、結果を利用できるように、経営を勉強しなければなりません。

　一般的に、**新しい技術を生み出すような人は、経営（販売力・生産管理力・財務力・人事力など）に弱い傾向がある**からです。

　経営に弱ければ、せっかくの技術力を活かすことができません。

イノベーションの源泉：新しい知識

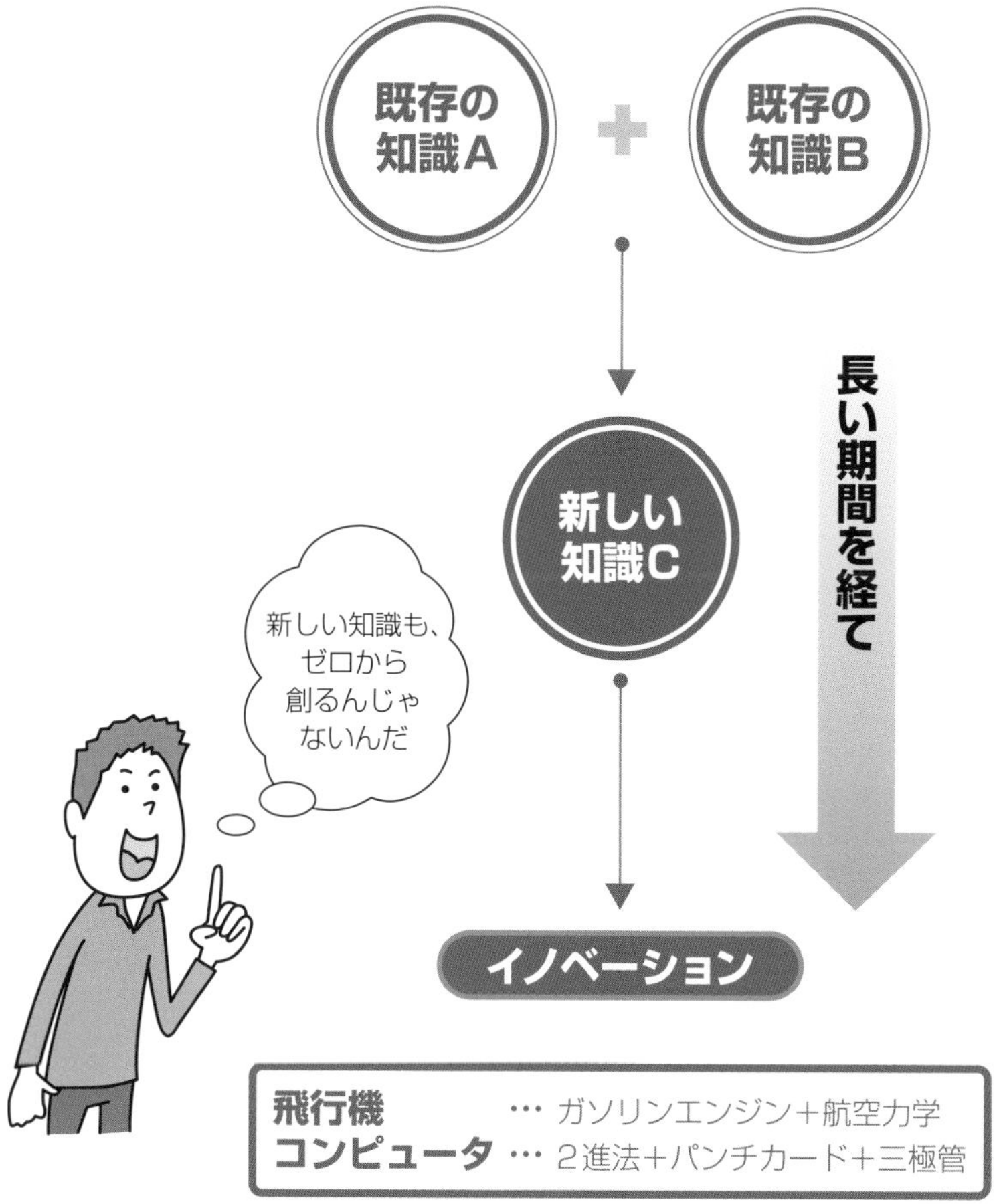
既存の知識A
既存の知識B
新しい知識C
長い期間を経て
新しい知識も、ゼロから創るんじゃないんだ
イノベーション
飛行機 … ガソリンエンジン＋航空力学
コンピュータ … 2進法＋パンチカード＋三極管

参照
『イノベーションと企業家精神』（ダイヤモンド社）

Drucker

素晴らしいアイデア

イノベーションの手段としては不向きである

あてにできず、馬鹿にもできない

イノベーションの源泉として、もっとも成功する確率が低いのが、この「素晴らしいアイデア」です。

企業として取り組むには、少々難点があります。それは、イノベーションとしてのアイデアが、「めったに考えつかない」ことではなく、「あてにできない」からです。

また、単純に繰り返すことも、成功の法則を体系化することもできません。

さらに困った事に、教えることも、学ぶこともできないのです。つまり、ノウハウの伝承ができないのです。

アイデアは直観的であり、とらえどころがありません。事業化には不向きなものです。

だからといって、馬鹿にもできません。たとえば、ファッションや医療、軍事などに多大な貢献をしているファスナーですが、その役割を「なくても困らない」と、言い切れる人はいないでしょう。

宝くじのようなもの

アイデアは、予測したり、組織化したり、体系化したりできません。ですから、失敗するケースが圧倒的に多いのです。

企業は、**たとえ成功事例が世間にあふれていようとも、アイデアに基づくイノベーションには、手を出さない方が賢明です。**

なぜならば、宝くじは、年間千人以上の億万長者が誕生していても、企業活動として取り組むことができません。素晴らしいアイデアとは、そのようなものです。

素晴らしいアイデア

素晴らしいアイデアが
成功する確率が低い理由
ファスナー!
ボールペン!
成功した
ことは
すごいけど…
◎反復できない
◎成功を体系化できない
◎教えることも、学ぶこともできない
◎計画化できない
あてにできない!

参照

『イノベーションと企業家精神』(ダイヤモンド社)

イノベーションのために やるべきこと

顧客ニーズに、簡単な操作や仕組みで対応する

やるべきことの四原則

イノベーションのためにやるべき原則は四つです。

【トップに立つことをねらう】：たとえニッチだとしても、最初からその分野のトップをねらわないかぎり、真のイノベーションという発想・商品にはなりません。

【分析からはじめる】：「どの分野で」「何を実現したいか」の徹底的な検討と分析からスタートします。

それを認識するための「感性」が大切になってきます。そのためにも、目的意識を持ち、よく観察し、耳を傾けてよく聴くことです。

【簡単なものにする】：難しさ・複雑さを好むのは、マニアックな人だけです。多くの人が、簡単なもの、単純なものほど「便利」と感じます。

【小規模にはじめる】：前例がないのがイノベーションですから、事業として成り立つかどうかの予測を立てることもできません。

それに、はじめから完璧な商品ができるわけでもありません。使用者からのクレームや提案で改善して、本当の商品になっていきます。

ですから、事業は小規模にはじめなければなりません。

優れたものを合体させる

世の中には、「これはすごい」「これもすごい」というものがすでにたくさんあります。

そのような既存の「これは」と「これも」を合体させると「もっとすごいもの」が生まれます。ですから、イノベーションに対する最大の褒め言葉は「**なぜ気づかなかったのだろう**」**なのです。**

イノベーションのためにやるべきこと

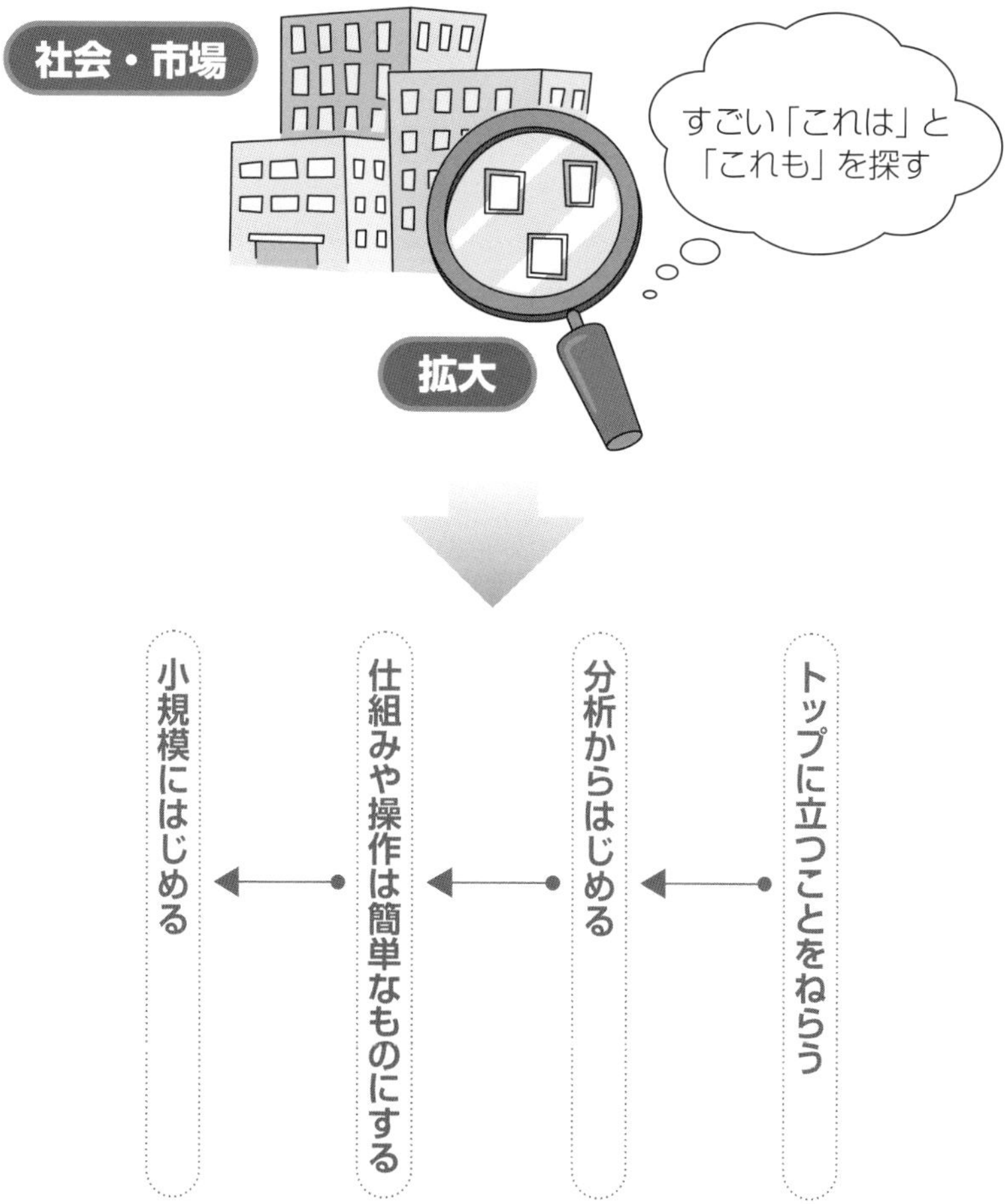
社会・市場
すごい「これは」と「これも」を探す
拡大
トップに立つことをねらう
分析からはじめる
仕組みや操作は簡単なものにする
小規模にはじめる

参照
『イノベーションと企業家精神』(ダイヤモンド社)

イノベーションのために やってはいけないこと

イノベーションの原則から逸脱しないように

基本は自社の強みを活かすこと

すべてのことには、「やるべきこと」と「やるべきでないこと」があります。イノベーションも例外ではありません。

【利口であろうとしない】：頭の良い人は、「良いもの＝複雑」と思いがちです。しかし、その商品やサービスを使う人は、ほとんどが普通の人ですから、「簡単」「単純」「便利」でなければ興味を示してくれません。

【多角化させない】：本書では、「自社の強み」がキーワードの一つになっていますが、自社の強みとは、「対象市場の知識」と「核となる技術」のどちらか、あるいは両方が他社より秀でている状況です。

したがって、多角化をめざす事業展開はやらない方が賢明でしょう。

どうしても多角化したいときには、「市場」か「核技術」が共通の分野で展開することになります。

【現在のイノベーションをねらう】：イノベーションは、**現在困っていることで、将来も困るであろうことを対象にします。**

イノベーションは戦略の範囲で

この「既存市場」「核技術」から外れた多角化は、とめどなく拡散していきます。そうなると、戦略があいまいになってしまいます。

戦略のない企業は、いずれ崩壊します。あくまでも戦略の原理原則にそって事業展開をすべきです。

また、現在にも役立つ商品として売り出し、その使用が将来の生活環境やビジネス環境も変えるような商品に限定して取り組みましょう。

イノベーションのためにやってはいけないこと

①利口であろうとしない

「簡単」「単純」「便利」でなければ人は
興味を示さない

②多角化させない

「対象市場の知識」「核となる技術」での
自社の強みを活かす

③現在のイノベーションをねらう

現在困っていることで、
将来も困るであろうことをねらう

あくまでも戦略の範囲内で、
戦略に則って考える!
（戦略のない企業はいずれ崩壊する）

参照

『イノベーションと企業家精神』（ダイヤモンド社）

Drucker

既存企業でイノベーションを起こすには

方針を明らかにし、既存事業とわけて取り組む

すべてのものには寿命がある

大企業には、「親方日の丸意識」「内向き」「硬直化」などの症状が出る「大企業病」があると言われています。

しかし、中小企業にも、「問題から問題に追われる」「将来の見通しも立たない」「ビジョンもない」「資金と人材が入ってこない」という「中小企業病」があります。

そのため、中小企業には、チャレンジ精神に乏しく、イノベーションの意欲がない企業が多いのです。

大企業で、イノベーションができないというのは、単なる誤解、思い込みにすぎません。トヨタのプリウスや東レの炭素繊維など、大企業の方がイノベーションには向いています。

それは、人と資金に余裕があり、情報収集力もずば抜けているからです。また、特許や運営ノウハウの底辺も広いからです。

大企業でイノベーションを起こすには、既存のものの計画的・体系的な廃棄を徹底することです。

そのためには、すべての商品や市場が、やがて衰退するという事実を共通認識することからはじめます。

体系的に捨てることを仕組みにすると、その代わりに必要となる事業(市場や商品)でのイノベーションが明らかになってきます。

新規事業は保育器で

赤ちゃんと大人は、同じ物差しで測ることはできません。事業が赤ちゃんのときには、人や資金、成長するまで見守るなどの保護が必要になります。

ですから、人をわけるか、評価基準をわける必要があります。

既存企業でイノベーションを起こすには

すべての市場・商品・流通ルートに、寿命があると認識する

すべての企業のイノベーションが必要であり、それが可能と認識する

目的を明らかにして、計画的・体系的に

↓

環境を分析する

↓

ビジネスチャンスと強みをぶつける

↓

既存事業と別組織・別評価にする

参照
『イノベーションと企業家精神』（ダイヤモンド社）、『チェンジ・リーダーの条件』（ダイヤモンド社）

Drucker

ベンチャー企業のイノベーションに必要なもの

市場志向・管理志向を起点とした仕組みづくり

「ベンチャー」より「企業」を重視

多くのベンチャーが、自分の思いを実現するために起業します。でも、**経営の原則を理解していないため、やがて挫折します。**

【マーケティング志向】：「どのような顧客に」「どのような効用」（問題解決の手段）を提供するのかのマーケティング志向が欠かせません。

【財務の見通し】：事業は「造って売る」「仕入れて売る」ように、常に支払いが先に発生します。ここに、財務の重要性が出てくるのです。

月の入出金が数十万円であれば、どんぶり勘定でもOKですが、数千万円になると、専門知識と財務に対する感性も必要になってきます。

【トップ経営陣の構築】：企業が小規模のときは、社長だけで運営できても、大きくなると役割分担が必要になってきます。

しかも、人材はすぐに育つわけではありませんから、必要となるかなり前から育成しておく必要があります。

【創業者自身の役割】：企業は、経営者の能力以上に成長することはできません。ですから、規模の拡大とともに、自分の役割・立場を自ら判断しなければなりません。

組織化が成長の必要条件

ベンチャー企業でも、普通の企業となんら変わりありません。大人に必要な臓器が子どもにも必要なのと同じです。

比較的規模が小さいときには前の二つが、規模が大きくなるにつれ、あとの二つも重要になってきます。

ベンチャー企業のイノベーションに必要なもの

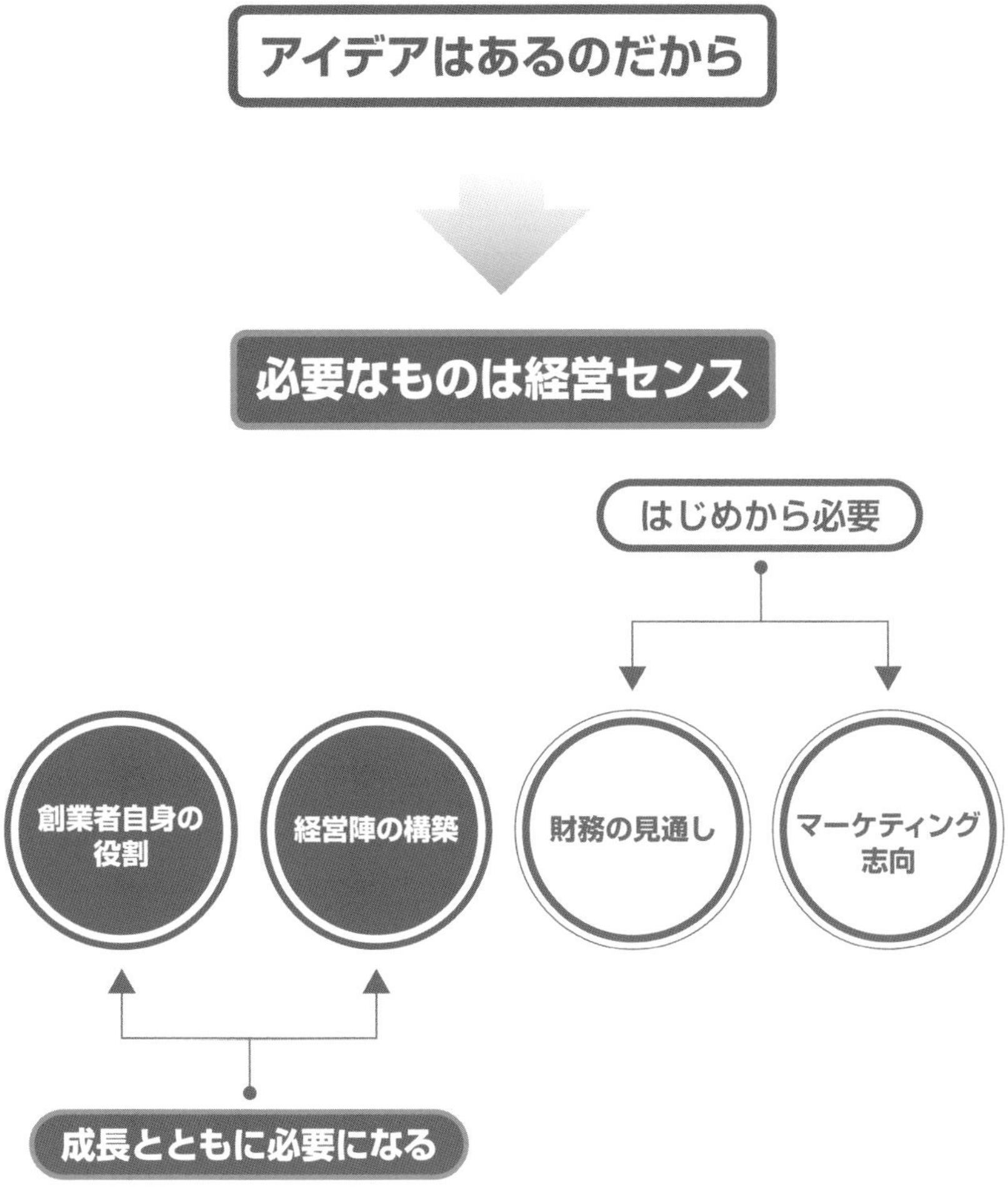
アイデアはあるのだから
必要なものは経営センス
はじめから必要
創業者自身の役割
経営陣の構築
財務の見通し
マーケティング志向
成長とともに必要になる

参照
『イノベーションと企業家精神』（ダイヤモンド社）、『チェンジ・リーダーの条件』（ダイヤモンド社）

成功するイノベーターの条件とは?

リスク管理を行い、チャンスを最大にする

イノベーターの本質

イノベーションを起こす人(ベンチャー企業の経営者を含むイノベーター)は、好んでリスクをおかすことはしません。

反対に、どうしたら、リスクを最小限に抑えることができるかを、一生懸命考えています。

ですから、行け行けドンドン型の人は、イノベーターとして成功できないと言うことになります。

企業経営は、どのような活動でも、最終的には財務や経理で表すことができます。つまり、チャンスもリスクも、最終的には現金残高と無関係ではいられないのです。

夢は「アイデア」が優先します。しかし、現実の経営は「現金」が優先します。

したがって、優れたイノベーターほど、現金残高(キャッシュフロー)に関心を持つのです。

数字にも強い経営者になる

このようにイノベーターは、現金残高に関心を持たなければなりません。しかし、現金残高だけに関心を持つ人は、イノベーターには不向きです。なぜなら、イノベーターには構想力・構築力が必要になるからです。

したがって、イノベーターには、マーケティング志向で事業を構想する一方で、現金残高をマネジメントするというバランス感覚が求められるようになります。

そうした意味からも、イノベーターは、経営状況が凝縮されている決算書を、理解できるようになっておく必要があります。

成功するイノベーターの条件

真のイノベーターは、
リスクを最小限に抑えられる人
現金残高の認識
マーケティング志向
バランス
イノベーション志向
行け行け
ドンドン型
では×

参照
『イノベーションと企業家精神』（ダイヤモンド社）

Drucker

第9章 自己実現

夢をあきらめない

成果を上げる能力は修得できる

基本プレーを知り、できるまでやり抜く

修得へのステップ

ドラッカーは、次の六つを順守することで、成果を上げる能力が修得できると言っています。

【貢献への決意】：「誰に」「どのような貢献をするか」を自問することからスタートします。

【必要とする三つの成果】：貢献すべきは、(1) 売上・利益への直接的な成果、(2) 経営理念や経営方針など価値観への忠誠、(3) 明日や次世代のための人材育成、です。

【外部への貢献に焦点を当てる】：最終的な貢献対象は、顧客でなければなりません。

【強みを基準にする】：外部への有料での貢献を考えるとき、貢献の内容は、「強み」を抜きにしては考えられません。

【成果をあげる領域に力を集中する】：成果を上げなければ自分の存在感がないことを認識し、その領域に集中的に取り組むことです。

【成果を上げるよう意思決定する】：成果を上げる意思決定とは、責任感の強さとも言えます。

できるまでやり抜く

まず、自分の仕事の貢献対象を決定することです。それは通常は顧客ですが、業務によっては社長であったり、直属の上司や部下、あるいは、取引先であったりします。

また、自分の給料が何のために支払われているのかを知ることによって、今まで以上の成果をあげることができるようになります。

そして何よりも、自分の可能性を信じて努力し続ける、やり抜くという行動が、自己実現に近づく秘訣です。

成果を上げる能力は修得できる

成果をあげる能力の作り方

1 貢献への決意

誰に？
どのように？

2 3つの成果の理解

大切なもの…
価値観
人材育成
売上・利益

3 外部への貢献に焦点

お客様は神様です
またくるわー

4 強みを基準にする

強み
for You

5 選択と集中

集中！

6 成果を上げる意思決定

やろう
オー

3つの徹底

わかるまで考える　できるまでやり抜く　さらに創意工夫する

参照

『経営者の条件』（ダイヤモンド社）

Drucker

強みを活かす

成果をあげるのは、強みを最大限に活用したとき

強みを活かす四つの方法

効果的・効率的に成果を上げる唯一の方法は強みを活かすことです。

その強みを知り、磨き、仕事に活用するためには、次のような取り組みが必要になります。

【強みを知る】：「自分の強み＝これまで上手にやってきたこと」で間違いなさそうです。

これを知るためには、「やると決めたこと」の「期限」「期待値」を書き、その結果を検証することです。

【仕事の仕方】：「一人でやったときと、集団のとき」「リーダーとしてやったときと、フォロアーのとき」では、成果が違ってきます。

あるいは、「新規開拓・開発が得意なのか、守りが得意か」「対人関係の仕事が良いのか、対数字やモノの方が良いのか」も大切なことです。

ただし、いずれの場合も好き嫌いではなく、成果を上げたかどうかを測定の基準にしてください。

【学び方】：「聞く」「読む」「書く」など、自分に合った学習方法を知ると、効果・効率が違ってきます。

【価値観を優先する】：給料や地位が上がるとしても、価値観に合わない仕事は避けるべきです。毎朝見る鏡の中の自分は、輝いていますか？

分析は記憶より記録で

「記憶より記録」という言葉がありますが、記憶ほどあいまいで自分に都合よく残るものはありません。

ですから、**強みを知るためには、すべての活動を記録して下さい。**思い込んでいたのとは、まったく違う実態が見えてくるはずです。

強みを活かす

強みを活かす４つの方法
強みを知る
得意な仕事の仕方を知る
得意な学び方を知る
価値観を優先する
&
致命的な弱み以外は無視か後回し

**彼を知り、
己を知れば百戦危うからず！**

参照
『経営者の条件』（ダイヤモンド社）、『プロフェッショナルの条件』（ダイヤモンド社）

時間を管理する

最少の経営資源の時間を浪費しない

時間管理の四つのルール

ヒト・モノ・カネは何とかできても、何ともならないのが時間です。増やすことも、貯めておくこともできません。ですから、何かをするときには、時間が最大の制約条件になります。

その時間は、次に述べる方法で浪費せずに済むようになります。

【時間は何に使われているか】：とにかく記録に残すことです。そうすれば、優先順位の高いものには、ほとんど使われていない実態がわかります。

【浪費の原因を整理する】：ほとんどの仕事が代行可能です。そうでないとしたら、単に「自分がしないといけない」と思い込んでいるだけです。

思い込みの仕事を除くと、仕事のムダが省けます。

【時間をひとまとめにする】：寸断された一五分の時間が六つあるよりも、まとまった一時間の方が効率的な仕事ができます。しかし、現実的には、勤務中などは連続した時間が取れません。

そうなると、早朝か、自宅で連続した時間を確保することになります。

【非生産的なものを捨てる】：優先順位を決め、優先順位の低い仕事は、体系的に廃棄することです。たとえば、新しい業務が増えるごとに、同じ量の仕事を廃棄または委譲します。

他人の時間を使う

時間管理のもう一つの方法は、**自分の仕事を自分より時給の安い人にやらせること**です。

それには、「部下を育てる」「外注する」方法があります。部下を育てるのは自分のためだけでなく、部下自身や会社のためにもなります。

時間を管理する

時間管理の４つのルール

◎時間は何に使われているか

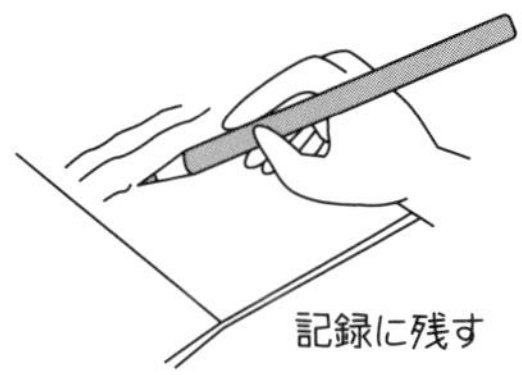

◎浪費の原因を整理する

◎時間をひとまとめにする

◎非生産的なものを捨てる

他人の時間も活用する → 部下を育成する
他人の時間も活用する → 外注する

参照

『経営者の条件』（ダイヤモンド社）、『プロフェッショナルの条件』（ダイヤモンド社）

優先順位を決定する

かぎりある経営資源を有効活用するために必要

優先順位の五原則

優先順位を決定するときも、守るべき五つの原則があります。

【過去ではなく未来を】：仕事は、過去に成果をあげたものではなく、今後の環境や顧客ニーズに合った仕事を選び、それにふさわしい仕事のやり方に変えていかねばなりません。

【問題ではなくチャンスを】：仕事の内容や方法を変えることで、問題そのものがなくなります。つまり、問題志向ではなく、チャンス志向に切り替えることです。

【横並びではなく独自性を】：今日のような経営環境では、横並び意識がもっとも問題なのです。

【変革をもたらすものに照準を】：「無難なもの」「前例があるもの」から、「新たな何かを生み出すもの」「コスト率を半減にするもの」「業務フローを変えるもの」に移行していかなければなりません。

【廃棄すべきものの決定と順守】：老廃したものだけでなく、まだ使えるものまで捨てなければならないのが、変革期の経営の現実です。

やらないといけない仕事以外は、すべて廃棄すると決め、それ以外の仕事は一切しないルールを作り、守ってください。

「あると便利」はやらない

職場にゆとりがあった時代には、たとえば「あると便利な資料作り」もりっぱな仕事でした。

しかし、**今日ではその程度の資料にかける時間は、見る方も作る方もありません**。必要なものだけに絞り込んでも支障はありません。

優先順位を決定する

優先順位
●未来
●チャンス
●独自性
●変革
●廃棄するものの決定と順守
劣後順位
●過去のもの
●問題があるもの
●横並び
●無難
●廃棄するものの継続

「あると便利」はやらない！

参照
『経営者の条件』（ダイヤモンド社）、『プロフェッショナルの条件』（ダイヤモンド社）

管理者のための6つのルール

管理者としての成果を上げるための基本プレー

真の管理者になるために

役職とリーダーが一致する管理者になるためには、次の項目を厳守することです。

【行うべきことを自問せよ】：常に優先順位を考え、自分の時給を考え、それに見合った仕事をしているかを、定期的に自問自答することです。

【集中せよ】：「二兎を追う者、一兎も得ず」のことわざは、すべての仕事に通用します。何かに集中し、それを片づけて、あるいは完全にメドが立ち、人に任せても大丈夫な状況を創り出してから、次に取り掛かった方が効率的です。

【当然のことなどない】：変革期では、昨日の常識（当然）が今日の常識ではありません。状況は、日々刻々と変化していきます。

【細かいことに手出ししない】：細かなことまで手出しをすると、部下のやる気が失せるだけです。「報・連・相」も使い方を誤ると、指示待ち族の無能な部下にしてしまうだけです。

【配下に友人を入れてはいけない】：職場は仕事をするための組織です。そこに、感情を優先して友人や身内の人を入れるのは、組織を変質させることになります。

【キャンペーン仕事をやめる】：キャンペーンが終われば、元の状態に戻っています。地味ですが、現場力を高めるのは基本プレーの徹底です。

知っているではなく行動で

ここでも、ドラッカーに従えば「**管理能力**」は修得できるものと言えそうです。やるべきことをやり、するべきでないことはやらない。単純明快です。

管理者のための6つのルール

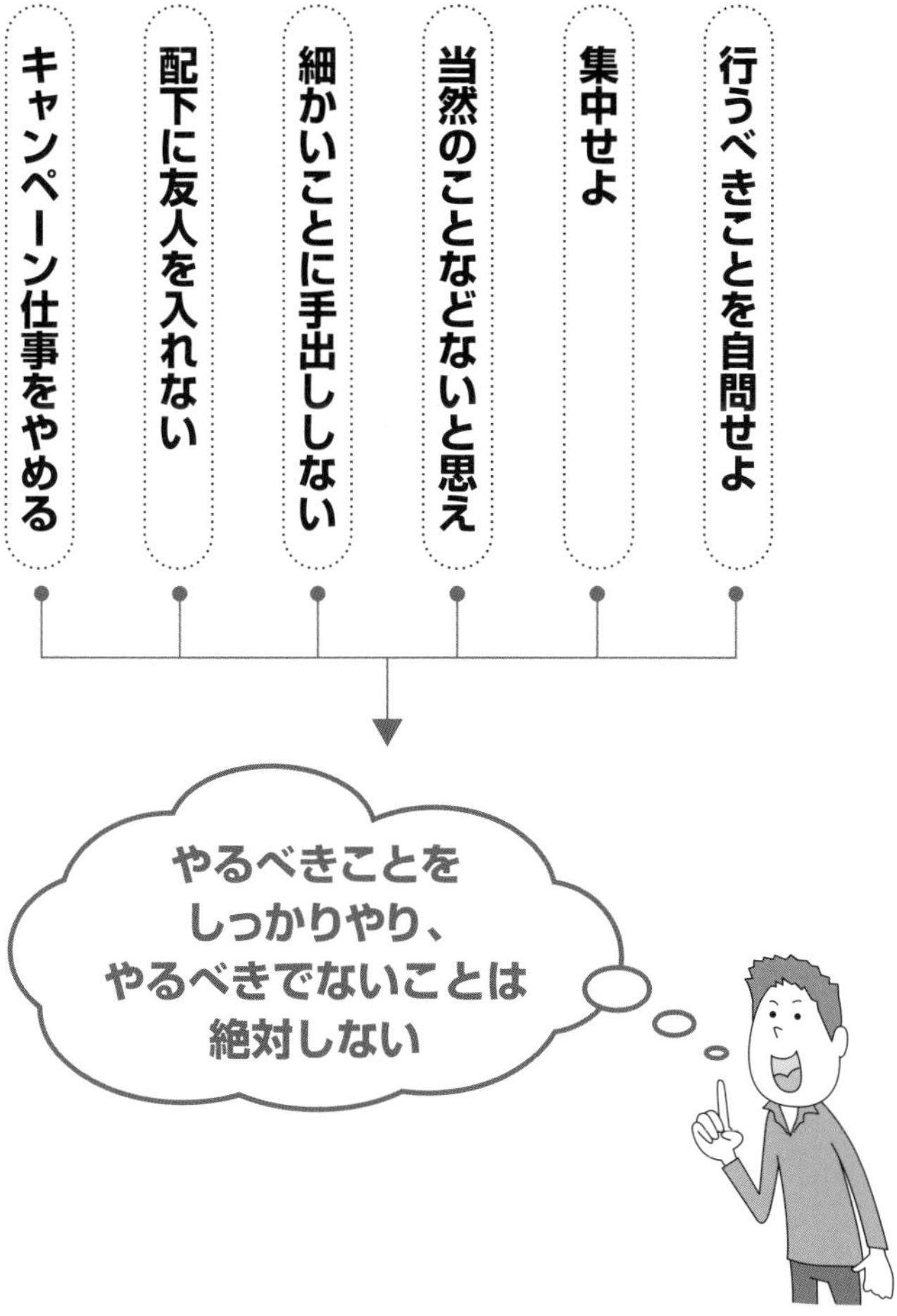
行うべきことを自問せよ
集中せよ
当然のことなどないと思え
細かいことに手出ししない
配下に友人を入れない
キャンペーン仕事をやめる
やるべきことをしっかりやり、やるべきでないことは絶対しない

参照

『経営者の条件』（ダイヤモンド社）

上司をマネジメントする

上司に貢献するのが、部下の仕事である

上司を補佐するために

上司は、あなたより決裁権限が大きく、あなたの殺生与奪権を持った存在です。

そして、職場では、あなたにもっとも影響を与える存在です。その上司をマネジメントすることが、あなたの成果をあげる早道です。

【上司の仕事を理解する】：上司を補佐するのが部下の仕事です。上司の仕事を知らなければ補佐のしようがありません

【上司の強み・弱みを知る】：上司を補佐するためには、上司の強みと弱みを知らなければなりません。それは、強みは伸ばし、弱みはあなたがカバーしなければならないからです。

【上司の癖を知る】：仕事の仕方にも癖は出るものです。癖は直せません。あなたの方が、そのやり方に合わせないと二人の関係はうまくいきません。

今の上司を出世させよう

部下の仕事の本質は、上司に成果をあげさせることです。**たとえ無能な上司であっても、その足を引っ張ることは許されません。**

無能な上司がいなくなれば、代わりの無能な上司がくるか、別の部署から、あなたとは違う部下をかわいがる優秀な上司が、くるだけです。

そうならないためにも、上司に手柄を立てさせて、あなたが後釜に座れるようにしてください。

もし、後釜に座れなくても、後任の上司には大切にしてもらえるはずです。なぜならば、上司は、自分に成果を上げさせてくれる部下が大好きなのです、とくに不況のときには。

上司をマネジメントする

「上司をマネジメントする」とは?

上司の仕事を理解する

上司の仕事を知らなければ
補佐しようがない

上司の強み・弱みを知る

強みを伸ばし、
弱みはあなたがカバーする

上司の癖を知る

癖は直らない。
あなたがそのやり方に
合わせなければならない

参照

『経営者の条件』(ダイヤモンド社)

Drucker

健全な人間関係を築く

企業での人間関係は、成果をあげることが前提

人間関係を良くするために

企業においては、「仲良きことは美しいこと」ではありません。美しいのは、企業の目的に向かって、それぞれが役割を果たしている姿です。

そのために必要な項目を理解しましょう。

【コミュニケーション】：まず、「貢献」という共通言語を持つことです。貢献に焦点を合わせたときに、もっとも良いコミュニケーションが図れるようになります。

【チームワーク】：それぞれのメンバーが、「任された責任を果たす」以上のチームワークはありません。その前提のもとに、目標達成のためのペースを合わせ、協力し合うことがチームワークです。

【自己啓発】：チームの目標を高く設定し、その達成に向かって自分の能力を高めていくことこそ、なにより良い人間関係を築くことなのです。

【人材育成】：役割分担が企業の本質ですから、自分の能力を高めることはもちろんのこと、他の人の能力を高めることも求めていかなければなりません。

組織の本質から考える人間関係

一般的な意味での人間関係と、ドラッカーの人間関係はまったく違います。それは、前者がコミュニティ（地域社会・家族・仲間）を基準にしているのに対して、後者は、**社会への貢献に基準を置いている**からです。

企業は、企業の外部に有料で貢献するための集団ですから、「役割分担」と「連携」できる関係が、健全な人間関係になるのです。

健全な人間関係を築く

ドラッカーのいう「人間関係」
＝
「社会への貢献」に基準を置く

企業における良い人間関係とは
企業目標達成にために、
それぞれが貢献し合える関係
一人ひとりの役割分担と連携ができる関係

- 人材育成
- 自己啓発
- チームワーク
- コミュニケーション

参照
『経営者の条件』（ダイヤモンド社）

Drucker

——巻末付録

ドラッカー学習マップ

◎目的別の読書フローチャート

ドラッカーを読む目的に合わせた
関連書籍の歩き方

◎ドラッカーの概要を知りたい！

ドラッカーに少し興味を持っているけれど、どれから読んだら良いかわからない人のための三冊です。

主要な著書から抜き出して三つのジャンルにわけ、『イノベーターの条件』（社会編）、『チェンジ・リーダーの条件』（マネジメント編）、『プロフェッショナルの条件』（自己実現編）として紹介しています。

◎ドラッカーを極めたい！

社会編を極めたい人には、『ポスト資本主義社会』『ネクスト・ソサエティ』をお勧めします。

マネジメント編を極めたい人には、『現代の経営』『創造する経営者』『乱気流時代の経営』『イノベーションと企業家精神』をお勧めします。

自己実現編を極めたい人には、『経営者の条件』をお勧めします。

三つの分野にまたがっているものとして、『明日を支配するもの』があります。

さらに深く知りたい人には、『P・F・ドラッカー経営論』があります。ここには、ドラッカーが『ハーバード・ビジネスレビュー』に投稿した全論文が収録されています。

なお、現代の経営の改定版ともいうべき『マネジメント』というタイトルの大書（上下巻で千三百ページ）もあります。

（以上、すべてダイヤモンド社）

◎ドラッカーから展開したい！

ドラッカー理論は経営全般に渡っていますので、これ以降の展開をご紹介するのは、筆者の主観が入りすぎますので、事実上、不可能です。

ただし、ドラッカーのマネジメント理論は、マーケティング志向が前提になっていますので、『レビットのマーケティング思考法』（セオドア・レビット著、ダイヤモンド社）、『マーケティング原理』（フィリップ・コトラー他共著、ダイヤモンド社）を読むと一層理解が深まり、実務に使えるようになります。

それ以外については、経営書のガイド本である『マネジメントの先覚者』（キャロル・ケネディ著、ダイヤモンド社）、『経営革命大全』（ジョセフ・ボイエット＆ジミー・ボイエット著、日本経済新聞社）、『あらすじで読む世界のビジネス名著』（グローバルタスクフォース著、総合法令出版）、「究極のビジネス書50選」（スチュアート・クレイナー著、トッパン）などが参考になると思います。

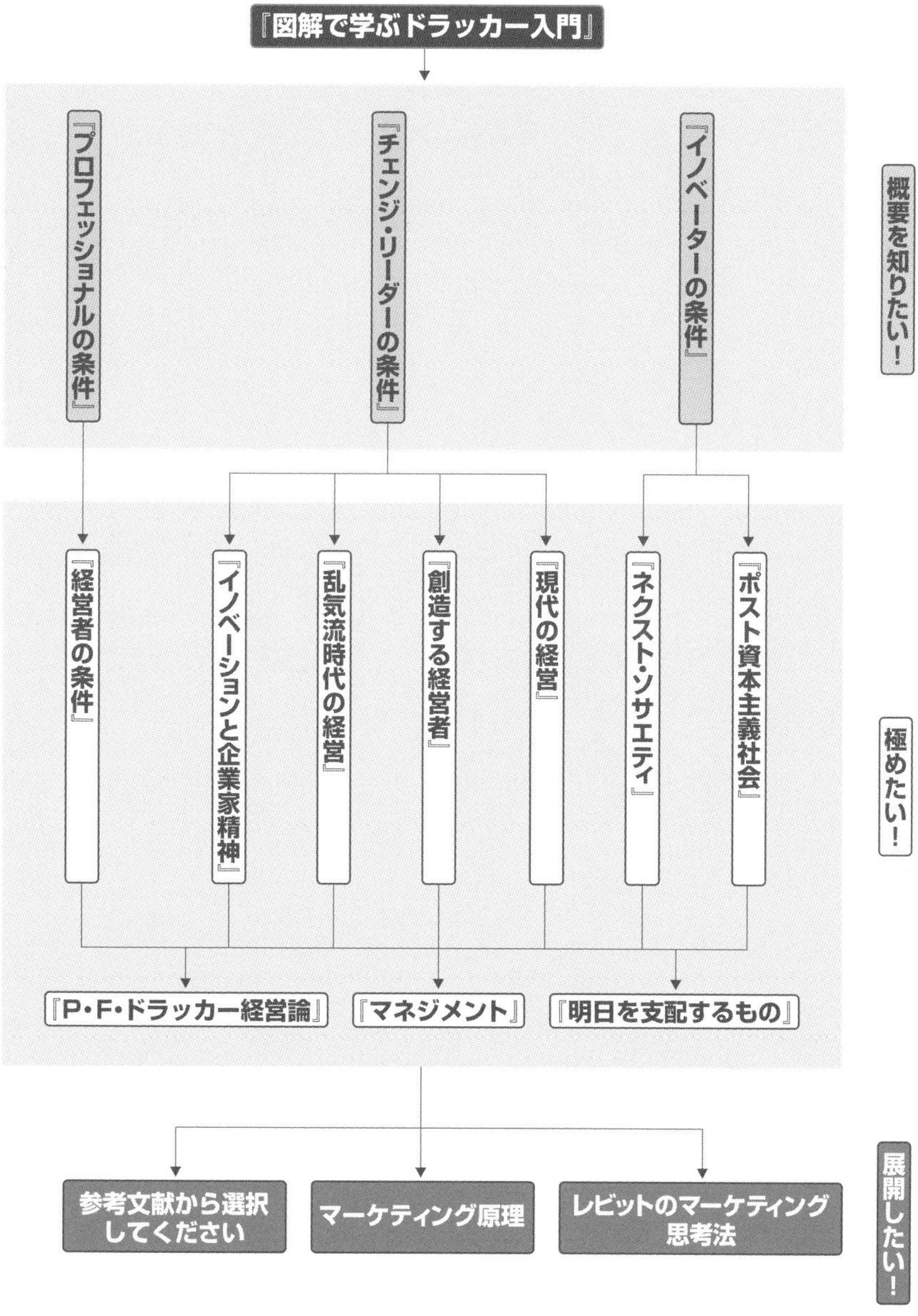
『図解で学ぶドラッカー入門』
『プロフェッショナルの条件』
『チェンジ・リーダーの条件』
『イノベーターの条件』
概要を知りたい！
『経営者の条件』
『イノベーションと企業家精神』
『乱気流時代の経営』
『創造する経営者』
『現代の経営』
『ネクスト・ソサエティ』
『ポスト資本主義社会』
極めたい！
『P・F・ドラッカー経営論』
『マネジメント』
『明日を支配するもの』
参考文献から選択してください
マーケティング原理
レビットのマーケティング思考法
展開したい！

おわりに

学生時代の山歩きでは、「道に迷ったら元に戻る」と教えられてきました。これは、ビジネスにも使えそうです。業績が振るわないのは迷子になった証拠です。

御社の業績が低迷しているのであれば、迷子になっていると認識して、一度、経営の基本に立ち返ってみることをお勧めします。本書がその手引書になると信じています。

筆者は、「**わかる＝できる・使える**」ことだと認識していますので、皆様にも本書で得たドラッカーの知識を、ぜひとも仕事に役立てて頂きたいと願っております。

そのためには、本書の内容にそって、自社や自分の仕事を一つずつ検証してみてください。そうすれば、納得する部分や修正しなければならない部分がはっきりしてきます。

また、「**人は教えるときに、もっとも学ぶ**」とドラッカーは言っています。ですから、本書で得た知識を、部下などにも教えてあげてください。きっと、読者ご自身があいまいに理解していたところも発見でき、ドラッカーへの理解も深まることでしょう。
筆者自身も、本書を執筆することで、あいまいだった箇所や忘れかけていたことを再確認することができました。これからのコンサルティング活動に活かすことができそうです。

筆末となりましたが、今回の執筆にあたって、大学生だった息子の拓巳に推敲を手伝ってもらい、誤字脱字やわかりにくい表現を指摘してもらいました。協力に感謝です。
また、日本能率協会マネジメントセンター出版事業部の桑田篤さんに、企画の段階からご指導して頂いたおかげで、本書を発行することができました。紙面を借りてお礼申し上げます。

二〇〇九年初夏

藤屋伸二

◎参考文献

ドラッカーの著書

Peter Ferdinand Drucker

『現代の経営』（上田惇生訳、ダイヤモンド社）

『創造する経営者』（上田惇生訳、ダイヤモンド社）

『経営者の条件』（上田惇生訳、ダイヤモンド社）

『ネクスト・ソサエティ』（上田惇生訳、ダイヤモンド社）

『明日を支配するもの』（上田惇生訳、ダイヤモンド社）

『乱気流時代の経営』（上田惇生訳、ダイヤモンド社）

『イノベーションと企業家精神』（上田惇生訳、ダイヤモンド社）

『マネジメント』（上田惇生訳、ダイヤモンド社）

『P・F・ドラッカー経営論集』（ハーバード・ビジネス・レビュー編集部編集、上田惇生訳、ダイヤモンド社）

『P・F・ドラッカー経営論』（ハーバード・ビジネス・レビュー編集部編訳、ダイヤモンド社）

『すでに起こった未来』（上田惇生、林正、佐々木実智男、田代正美訳、ダイヤモンド社）

『非営利組織の経営』（上田惇生、田代正美訳、ダイヤモンド社）

『抄訳マネジメント』（上田惇生訳、ダイヤモンド社）

その他の参考文献

Peter Ferdinand Drucker

『マネジメントを発明した男ドラッカー』（ジャック・ビーティ著、平野誠一訳、ダイヤモンド社）
『ドラッカー』（ジョン・J・タラント著、風間禎三郎訳、ダイヤモンド社）
『レビットのマーケティング思考法』（セオドア・レビット著、土岐坤訳、ダイヤモンド社）
『マーケティング原理』（フィリップ・コトラ他共著社コトラー、ゲイリー・アームストロング著、和田充夫訳、ダイヤモンド社）
『マネジメントの先覚者』（キャロル・ケネディ著、ダイヤモンドハーバードビジネス編集部訳、ダイヤモンド社）
『経営革命大全』（ジョセフ・ボイエット＆ジミー・ボイエット著、金井壽宏監訳、大川修二訳、日本経済新聞社）
『世界のビジネス名著』（グローバルタスクフォース編集、総合法令出版）
『究極のビジネス書50選』（スチュアート・クレイナー著、橋本光憲監修、斉藤隆央訳、トッパン）

Peter Ferdinand Drucker

[メモ]

■著者プロフィール

藤屋伸二（ふじや　しんじ）

1956年生まれ、福岡県出身。

大学卒業後、カード会社等の勤務を経て1996年に独立し、藤屋マネジメント研究所を開設。1998年大学院に入学し、修士論文のテーマに「目標管理」を取り上げたことからドラッカーに傾倒する。以後、ドラッカーの著書を百数十回読んで体系化し、独自化・差別化戦略のための仕組みを創り出し、顧問先の業績伸長やV字回復を支援している。

中小企業診断士。社会保険労務士。

著書には『ドラッカー経営のツボがよ～くわかる本』（秀和システム）がある。

◎藤屋マネジメント研究所
〒815-0033 福岡市南区大橋1-18-24-601
電話：092-553-3073
FAX：092-553-3093

E-mail：drucker@fujiya-management.com
http://fujiya-management.com
http://plaza.rakuten.co.jp/fujiyapeko/

図解で学ぶドラッカー入門

2009年6月10日　初版第1刷発行
2010年12月20日　　第23刷発行

著　者 —— 藤屋伸二 ©2009 Shinji Fujiya
発行者 —— 長谷川隆
発行所 —— 日本能率協会マネジメントセンター
〒105-8520 東京都港区東新橋1-9-2 汐留住友ビル 24階
TEL 03(6253)8014（編集）／03(6253)8012（販売）
FAX 03(3572)3503（編集）／03(3572)3515（販売）
http://www.jmam.co.jp/

装丁・本文DTP ——— 冨澤 崇（EBranch）
イラスト ——— 門川洋子
印刷所 ——— 広研印刷株式会社
製本所 ——— 星野製本株式会社

ISBN978-4-8207-4579-2 C2034
落丁・乱丁はおとりかえします。
PRINTED IN JAPAN